Topos Taschenbücher
Band 187

Johann Hoffmann-Herreros

# Catherine und William Booth

## Sozialarbeit und Seelsorge – die Heilsarmee

Topos Taschenbücher

CIP-Titelaufnahme der Deutschen Bibliothek

*Hoffmann-Herreros, Johann:*
Catherine und William Booth: Sozialarbeit und Seelsorge – die Heilsarmee / Johann Hoffmann-Herreros. – 1. Aufl. – Mainz: Matthias-Grünewald-Verl., 1989
(Topos-Taschenbücher; Bd. 187)
ISBN 3-7867-1418-5
NE: GT

 1. Auflage 1989
Foto Umschlag: Catherine und William Booth mit Kindern.
Foto von 1862 (Ausschnitt) mit freundlicher Genehmigung: The Salvation Army, London.
Gesamtherstellung: Clausen & Bosse, Leck

# Inhalt

Wer hätte das gedacht? . . . . . . . . . . . . . . . . . 7

William Booth . . . . . . . . . . . . . . . . . . . . 11

Catherine Mumford . . . . . . . . . . . . . . . . . 26

Ein ideales Paar . . . . . . . . . . . . . . . . . . . 35

Dramatische Momente mit Vorgeschichte . . . . . 51
- Der neue Name . . . . . . . . . . . . . . . . . 51
- Mit Pauken und Trompeten . . . . . . . . . . 56
- Der Fall Annie Swan . . . . . . . . . . . . . . 60

Die Jagd nach Arbeit . . . . . . . . . . . . . . . . 67

Wie die Booths es mit dem Glauben hielten . . . . . 81

Verfolgung . . . . . . . . . . . . . . . . . . . . . 87

Wo die anderen ganz schnell vorbeigehen . . . . . . 98
- Die Slum-Schwestern . . . . . . . . . . . . . . 98
- Das Selbstmordverhütungs-Büro . . . . . . . 101
- In die Gefängnisse hinein . . . . . . . . . . . 102
- Spurlos verschwunden . . . . . . . . . . . . 104
- Die vielen Nöte der kleinen Leute . . . . . . . 105

Anerkennung . . . . . . . . . . . . . . . . . . . . 109

Die Heilsarmee heute . . . . . . . . . . . . . . . 116

Woran die Booths nicht krankten . . . . . . . . . . 120

Wichtige Daten . . . . . . . . . . . . . . . . . . 126

Literaturhinweise . . . . . . . . . . . . . . . . . 128

# Wer hätte das gedacht?

Im Oktober 1890 erscheint in London ein Buch mit dem Titel *In Darkest England And The Way Out*, d.i. im dunkelsten England und der Ausweg.[1] Der Autor ist William Booth. In kurzer Zeit sind 220000 Exemplare verkauft.

Der Titel bezieht sich auf den im selben Jahr erschienenen Reisebericht des Journalisten und Afrikaforschers H.M. Stanley, *In Darkest Africa*, d.i. im dunkelsten Afrika. Stanley beschreibt den schwarzen Kontinent als eine Hölle, in der die Schrecklichkeit des Dschungels nur noch durch die Scheußlichkeit der Jagd auf Sklaven und des Sklavenhandels übertroffen wird. Warum erschreckt uns Afrika? fragt William Booth, wir haben diesen Dschungel und den Sklavenhandel mitten unter uns. Wie es ein dunkelstes Afrika gibt, so gibt es ein dunkelstes England. Arbeiter müssen sich für einen Hungerlohn zu Tode schuften. Frauen und Mädchen werden in die Prostitution getrieben. In Afrika sterben unzählige Menschen an Malaria, in England an fehlenden oder unzureichenden sanitären Anlagen. In Afrika versinken Menschen im Sumpf, in England im Alkohol.

William Booth nennt Fakten und Zahlen, bei deren Beschaffung ihm sein Freund, der Journalist William T. Stead, geholfen hat. So stellt sich beispielsweise heraus, daß 10% aller Menschen im Vereinigten Königreich schlechter leben als ein Londoner Droschkenpferd. Dabei werden die Zusammenhänge zwischen der fortschreitenden Industrialisierung, unzutreffend „Zivilisation" genannt, und den Mißständen in der englischen Gesellschaft deutlich. England ist als erstes Land den Weg der Industrialisierung gegangen und dabei zum reichsten

[1] Im folgenden *In Darkest England* genannt. Ausgabe: London, New York, Melbourne, Toronto 1890. Übers. v. Verf.

Land der Welt geworden. Für Unzählige jedoch ist dies ein Kreuzweg. Die gutsituierten Engländer reiben sich die Augen. Es kommt ihnen vor, als habe da jemand in die Keller und Hinterhöfe ihrer stattlichen Wohnburgen („Mein Heim ist meine Burg") hineingeleuchtet, und siehe: Da kommt Schlimmes zum Vorschein. Wer hätte das gedacht?

Doch William Booth beschränkt sich nicht auf plakative Schwarzmalerei und Anklagen. Er sagt auch: Es gibt einen Ausweg.

Gestützt auf umfangreiches Zahlenmaterial, vor allem auf Berichte seiner Mitarbeiter, schlägt er eine Reihe von realisierbaren Projekten vor, von denen etliche in soziales Neuland weisen. Dies ist der umfangreichste, konkreteste, solideste Sozialplan, den es bis dahin in einer Industrienation gegeben hat, und zugleich der fundierteste Versuch, die christliche Ethik in das Industriezeitalter einzubringen. William Booth, inzwischen 61 Jahre alt, hat keinen Zweifel, daß man es, mit Gottes Hilfe, schaffen wird. Er verfügt nämlich inzwischen über eine schlagkräftige, in vielen Ländern aktive Organisation.

Als er 1865 im Osten Londons den Kampf gegen das materielle und seelische Elend von Millionen aufnahm, waren in England bereits rund 500 andere Organisationen und Einzelkämpfer darum bemüht, den vielen negativen Begleiterscheinungen des Industriezeitalters zu Leibe zu rücken.[2] Aber allein seine Organisation hat sich kräftig

[2] Hier seien nur ein paar genannt: Dr. Barnardo (1845—1905) holte über 60000 Mädchen und Jungen von der Straße und gab ihnen in Kinderheimen Obdach, Halt und Zukunftschancen. Annie Besant (1847—1933) setzte sich u. a. für die Verbesserung der Arbeitsbedingungen von Frauen ein. Der Rechtsanwalt Edwin Chadwick (1800—1890) deckte Mißstände in Gefängnissen, Arbeitshäusern und Elendsvierteln auf und kämpfte für ein verbessertes Armenrecht. Octavia Hill (1838—1912) wies auf die Notwendigkeit menschenfreundlicher Wohnungen hin. Florence Nightingale (1820—1910) verbesserte die Ausbildung von Krankenschwestern. Beatrice Webb (1858—1943) stritt zusammen mit ihrem Mann für die Beseitigung

weiterentwickelt. Wer hätte gedacht, daß aus dem „überspannten“ Prediger aus Nottingham einmal ein großer Sozialreformer und Seelsorger werden würde? Hätte er das vor 30, 40 oder 50 Jahren selbst für möglich gehalten?
Als er das erste Exemplar von *In Darkest England* in Händen hält, verweilt sein Blick lange auf der Widmung:

Zum Gedächtnis
an die
Lebensgefährtin, Ratgeberin und Kameradin
beinahe 40 Jahre hindurch.
Sie hat alle meine Anstrengungen mitgetragen
zum Wohl der Menschheit.
Ihr,
meiner lieben, treuen, hingebungsvollen Frau,
ist dieses Buch gewidmet.

Kurz vor Auslieferung des Buches, am 4. Oktober 1890, ist seine geliebte Frau Catherine nach rund zweijährigem Leiden an Krebs gestorben. Sie hat an der Entstehung des Buches bis zuletzt regen Anteil genommen. Die beiden haben sich geliebt, sie haben wie Pech und Schwefel zusammengehalten. Es war eine glückliche Ehe. Ohne sie wäre William Booth nicht das geworden, was er jetzt ist. Zwei Tage vor ihrem Tod hat sie den verschlissenen Ehering von ihrem Finger gestreift und in seine Hand gelegt. „Durch dieses Zeichen waren wir für alle Zeit verbunden“, hat sie gesagt, „durch dieses Zeichen werden wir

unerträglicher Arbeitsbedingungen, vor allem von Frauen. Joseph Chamberlain (1836—1914), von 1873 bis 1876 reformerischer Bürgermeister von Liverpool, kämpfte für allgemeine Schulpflicht und kostenlose Schulausbildung. Im übrigen gaben die genannten und andere Frauen ein Beispiel, daß Frauen sich nicht auf Hausarbeit und Kinderpflege zu beschränken brauchten, sondern auf allen möglichen Gebieten für einen humanen Fortschritt arbeiten konnten.

für alle Zeit verbunden sein." Er dachte an ihren Hochzeitstag zurück und an den Tag, an dem sie sich zum erstenmal getroffen haben. Sein Blick ging weiter zurück in die Tage, als er noch ein kleiner Junge und Catherine noch ein kleines Mädchen war.
Catherine und William Booth waren so sehr eine Einheit, daß er sich in diesen schweren Stunden nicht vorstellen kann, wie er ohne sie weiterleben soll. Als ihr baldiger Tod sich ankündigte, hat William Booth am 21. August 1890 den Namen seines Nachfolgers auf ein Stück Papier geschrieben und in einem versiegelten Umschlag für den Fall seines Todes hinterlegt. Er hatte das Gefühl, er müsse mit ihr sterben.
Weil sie so sehr ein Herz und eine Seele waren, ist es schwer, den jeweiligen Anteil Catherines und Williams an der Entstehung und Entfaltung der Heilsarmee genauer zu bestimmen.
In jenen schweren Oktobertagen des Jahres 1890 überlassen die acht Kinder, die Catherine geboren hat, ihren Vater den Erinnerungen, die in dieser kurzen Zeit des Innehaltens mächtig nach oben drängen[3].

[3] Im folgenden Text sind die zum Verständnis der Biographien unbedingt notwendigen Hintergrund-Informationen durch Kursivdruck kenntlich gemacht.

# William Booth

William Booth wird am 10. April 1829 in Sneinton, damals ein Vorort von Nottingham, geboren. Er stammt aus der zweiten Ehe des Bauunternehmers Samuel Booth. Williams Mutter, eine geborene Mary Moss, war vermutlich Jüdin. Die Biographen William Booths sind sich allerdings nicht einig, ob sie jüdischer Abstammung war. Der Name Moss, manchmal die englische Form von Moses, und ihre (schönen) Gesichtszüge könnten auf ihre jüdische Herkunft hindeuten. Sie war religiös und geistig interessiert und litt darunter, daß ihr Mann Analphabet war. Obwohl sie zu der Zeit, als Samuel Booth, ein Einzelgänger, ihr einen Heiratsantrag machte, ihren Unterhalt als eine Art besseres Dienstmädchen verdienen mußte, lehnte sie es zunächst ab, sich durch die Heirat mit ihm sozial besserzustellen. Erst auf sein erneutes, heftiges Drängen hin gab sie nach. Es ist nicht verläßlich bekannt, ob oder wie sich William Booth zu einer möglichen jüdischen Herkunft geäußert hat. Williams älterer Bruder, Henry, stirbt jung. Er hat drei Schwestern. Anne ist älter als er, Emma und Mary sind jünger.

Sneinton ist zu der Zeit noch dörflich. Die Kinder spielen im Wald, auf den Feldern und am Fluß. William übernimmt das Kommando, wenn sie Krieg spielen. Er ist ein imponierender Kommandeur: Niemand hat so lange Beine wie William, und das pechschwarze Haar und die Hakennase in dem bleichen Gesicht tragen dazu bei, daß die Kinder, auch die Mädchen, ihn „Wellington" nennen. Wellington, der zusammen mit Blücher 1815 Napoleon bei Waterloo besiegt hat, ist der Schwarm vieler Kinder im England jener Zeit. Samuel Booth ermöglicht seinem Sohn den Besuch der besten Schulen.

In Nottingham gibt es für die Kinder viel zu sehen. Montags und samstags ist großer Viehmarkt, und der dreitägige Gänsemarkt im November, den es noch heute gibt, ist wie ein Volksfest. In Familien- und Kleinbetrieben wird Tuch gewoben, gefärbt und gebleicht, Frauen nähen Kleider und machen Spitzen, die im ganzen Land gefragt sind. Auch die Stickereien aus Nottingham sind berühmt. Doch der aufgeweckte William merkt bald, daß diese Idylle bedroht ist. Alte Leute sagen: Es wäre gut, wenn General Ludd wiederkäme! Wer ist „General Ludd"?

*Es ist nicht ganz geklärt, ob es ihn wirklich gegeben hat. Er gilt als Anführer der Luddisten. Das sind organisierte Banden, die um 1810, zuerst in Nottingham und Umgebung, nachts Webstühle und später auch Strumpf- und Seidenmaschinen zerstören. Die Einführung dieser Maschinen macht viele arbeitslos, und die maschinengefertigten Produkte, vor allem Strümpfe, sind nicht so gut wie die handgefertigten Waren. Die gleiche Sorge haben die Landarbeiter. Um 1820 zerschlagen Landarbeiter unter der Führung eines „Captain Swing" die neu eingeführten Dreschmaschinen. Gemeinsam ist allen diesen Maschinenstürmern die Furcht vor den Folgen des technischen Fortschritts, der in England, der ersten Industrienation überhaupt, Ende des 18. Jahrhunderts einsetzt und im 19. Jahrhundert stürmisch seinen Weg nimmt. Die meist maskierten Luddisten werden von Regierungstruppen aufgerieben oder eingeschüchtert. Doch der technische Fortschritt mit seinen vielen Folgen sorgt weiter für Unruhe.*

Nottingham, das damals etwa 60000 Einwohner hat, wirkt um 1840 immer noch ländlich. Es gibt keine Abwässerkanäle. Viele schütten den Unrat auf die Straßen, die nicht gepflastert sind. Aber man sieht immer mehr Fabrikhallen, zunächst noch kleine, dann immer größere. Leute kommen aus den Dörfern der Umgebung, um hier Arbeit zu finden. Sie brauchen Wohnungen, und so entsteht ein Bauboom, von dem auch Williams Vater profitiert. Gleichzeitig zieht die Not in den Familienbetrieben ein. Die Leute kaufen lieber die billigeren maschinenge-

fertigten Produkte. Die Folge: Viele Weberinnen und Stickerinnen können ihre Kinder nicht mehr ernähren und versuchen, durch Prostitution ein bißchen Geld zu verdienen. Kunden finden sie vor allem unter den vielen Junggesellen, die vom Land nach Nottingham gekommen sind und nach der Arbeit Langeweile und alle die Gelüste haben, die sich in der Regel aus der Langeweile ergeben. Die Industrialisierung macht einige reich, andere wohlhabend und viele arm, und sie fördert die Lust an allerlei Amüsement. Wer 30 Schilling ausgeben kann, geht in Nottingham in ein Konzert der „schwedischen Nachtigall“ Jenny Lind, wer kein Geld hat, sieht sich eine öffentliche Hinrichtung an. Während einer solchen Hinrichtung in Nottingham werden im Gedränge 13 Menschen, darunter sechs Kinder, zu Tode gequetscht. In Nottingham wie auch anderswo in Großbritannien zeichnet sich eine Spaltung in „zwei Nationen“ ab: die Besitzenden und die Habenichtse.
Zu der Unruhe und den Veränderungen, welche die Industrielle Revolution mit sich bringt, kommen andere Schwierigkeiten, die die Einwohner von Nottingham besonders schwer treffen. Zwei Choleraepidemien fordern Hunderte von Toten. Schlechte Ernten treiben den Brotpreis hoch. 1837—1838 macht eine Wirtschaftsflaute viele arbeitslos und drückt die an sich schon niedrigen Löhne. Ein Freund von Samuel Booth gerät in wirtschaftliche Schwierigkeiten. Der Bauunternehmer bürgt für den Freund und verliert dabei sein ganzes Vermögen. Dennoch schickt er William weiter auf eine gute Schule. (Damals mußte man noch Schulgeld bezahlen.) So erfährt William schon früh, wie hart Wirtschaftsbooms und Depressionen den einzelnen treffen können, und deshalb versteht man, daß er aufmerksam zuhört, als Feargus O'Connor, ein irischer Rechtsanwalt, nach Nottingham kommt und flammende Reden gegen die wachsende soziale Ungleichheit hält. O'Connor wirft den Fabrikanten und Geschäftemachern vor, sie tränken das Blut von Kindern und Arbeitern und würden fett und feist, während

viele hungern müßten. Das Allerschlimmste aber sei, daß sie die Not der armen Frauen ausnutzten und sie zur Prostitution ermunterten. Diese Reden machen auf William Booth einen gewaltigen Eindruck, und er will ein Redner wie O'Connor werden und den Armen helfen. O'Connor ist einer der Wortführer der Chartisten, die in Nottingham schon seit längerem tätig sind. Anfang November 1831 haben sie während des Gänsemarktes demonstriert und anschließend das Schloß in Brand gesteckt: Es kommt zu weiteren Bränden und Verwüstungen. Die Ordnung wird mit Waffengewalt wiederhergestellt, aber es gärt weiter im Untergrund.

*Die Chartisten sind, anders als die Luddisten, nicht grundsätzlich gegen den technischen Fortschritt, aber sie möchten sicherstellen, daß dabei die arbeitende Bevölkerung nicht zu kurz kommt. Deshalb fordern sie in der* Charta des Volkes *(1836) das allgemeine Wahlrecht, eine arbeiterfreundliche Parlamentsreform und eine soziale Gesetzgebung. Ihr Hauptziel ist die vollständige wirtschaftliche und soziale Gleichheit aller Briten. Sie wollen so verhindern, daß die Spaltung Großbritanniens in „zwei Nationen" fortschreitet.*
*Die Chartisten haben es schwer, die unterschiedlichen Interessengruppen in der arbeitenden Bevölkerung zu gemeinsamen Aktionen zu bewegen. Viele finden beim Eisenbahnbau Arbeit und unterstützen die Chartisten nicht mehr. Andere Arbeiter treten den neugebildeten Gewerkschaften bei, und manch ein zu Wohlstand gekommener Arbeiter hat kein Bedürfnis mehr, mit den Chartisten zu demonstrieren. Währenddessen gehen Polizei und Soldaten immer schärfer gegen die Chartisten vor. Sie haben bei der Bekämpfung von Freiheitskämpfern in Irland gelernt, wie man mit Aufständischen am besten fertig wird. Die Polizei wird straffer organisiert, das Militär verstärkt, und immer mehr Besitzende stellen sich der Regierung als Helfer im Kampf gegen die Chartisten zur Verfügung. Sie fürchten nämlich, die revolutionären Bewegungen auf*

*dem europäischen Festland, vor allem die Revolutionen von 1832 und 1848, könnten auf England übergreifen. So kommt es, daß die Chartisten niedergekämpft werden. Auch der Versuch O'Connors, in Buckinghamshire eine Landkolonie zu gründen, in der Frauen und Kinder Arbeit finden sollen, endet in einem (finanziellen) Fiasko. Die neuen Berufsverbände und auch eine neue Gewerkschaftszentrale haben aus der Niederlage der Chartisten gelernt. Sie verzichten auf die Durchsetzung eines die ganze englische Gesellschaft umfassenden Konzepts. Sie beschränken sich auf praktische, naheliegendere Ziele. In den 40er Jahren zeichnet sich für große Teile der arbeitenden Bevölkerung zumindest ein bescheidener Wohlstand ab. Sie verzichten daher auf revolutionäre, totale Veränderungen, und auch die Gewerkschaften freunden sich, wenn auch zögernd, mit dem kapitalistischen System an, das, was den materiellen Bereich betrifft, augenscheinlich sehr erfolgreich ist. Was den sozialen Bereich angeht, entscheidet man sich also für die Evolution und gegen die Revolution. Evolution bedeutet gewaltlose Entwicklung und Veränderung. Doch auch oder gerade sie trifft einzelne Menschen und Gruppen sehr hart. Diese Begleiterscheinungen der sozialen Evolution werden das Kampffeld von William Booth sein. Dabei ist er als Kind nicht nur Beobachter, sondern Mitbetroffener.*

Als Beobachter hat er gemischte Gefühle. Er sieht, wie die von den Chartisten motivierten Benachteiligten mit Gewalt gegen die in Nottingham stationierten Soldaten vorgehen. Dagegen verhalten sich die Truppen des Generalmajors Sir Charles Napier, der sein Hauptquartier in Nottingham hat, zurückhaltend und diszipliniert. William kann nicht genau sagen, wem seine Sympathie mehr gehört: der mit Recht aufgebrachten Masse oder dem glänzend funktionierenden Militärapparat des Generalmajors Napier. Er hat jedoch wenig Zeit, sich weiteren Überlegungen hinzugeben, denn als er 13 Jahre alt ist, fehlt das Schulgeld, und Samuel Booth hält es für das Beste, daß William zu einem Pfandleiher in die Lehre geht. In diesem Geschäft kann man, wenn man geschickt ist, wohlhabend werden, vor allem in Notzeiten, wenn Leute beispielsweise ihren einzigen Mantel ins Pfandhaus bringen müssen, um ein paar Lebensmittel kaufen zu können.

Das Pfandhaus, in dem William arbeitet, steht in einem der ärmsten Viertel der Stadt. Hier erfährt er, wie die rasche Umgestaltung der englischen Wirtschaft viele an den Rand des Existenzminimums bringt. Er sieht, wie die Reihe nicht wieder eingelöster Wäschebündel immer länger wird, und jedesmal, wenn jemand einen Gegenstand verpfänden will, muß William entscheiden, wieviel er dafür zahlen will. Ihn quält dann das Gewissen. Gern möchte er den Ärmsten eine größere Summe geben, doch wenn er das tut, sinkt der Geschäftsgewinn, und das könnte ihn die Stelle kosten. Sein Lehrherr ist mit ihm zufrieden. William führt genau Buch, er hält auf Ordnung, und er kann mit Geld umgehen. Diese Eigenschaften werden ihm später sehr zugute kommen.

Bald nach seinem Eintritt in die Lehre stirbt sein Vater. Die Booths sind Mitglieder der Kirche von England, also der Staatskirche. Samuel Booth hat nie viel von Religion gehalten, aber auf dem Krankenbett versöhnt er sich mit Gott und Kirche und bittet um das Abendmahl. Wesentlichen Anteil an dieser Wandlung hat sein Vetter Gregory. Gregory, ein Flickschuster, ist Methodist. Er macht auf William einen starken Eindruck und nimmt den jetzt 14jährigen Jungen mit zu Gottesdiensten und Versammlungen in die örtliche Methodistenkapelle. Gregory erklärt dem aufmerksamen William, wer die Methodisten sind.

*Im 18. Jahrhundert ist die Kirche von England unter dem Einfluß des aufklärerischen Vernunftdenkens weithin zu einer bloßen Organisation verknöchert. Das persönliche Erleben kommt dabei zu kurz. Im Mai 1738 haben die Brüder John und Charles Wesley ein geistliches Erlebnis, das sie ihre „evangelische Bekehrung“ nennen. Sie erleben plötzlich so etwas wie eine geistige Befreiung durch den Glauben an Jesus, und sie möchten, daß auch andere durch ein solches höchstpersönliches Bekehrungserlebnis zu einer neuen, intensiven Glaubenserfahrung und Lebenspraxis kommen. Sie wollen die „Ausbreitung der Biblischen Heiligkeit über das ganze Land“. Zu einer solchen persönlichen, gefühlsbetonten Glaubenserfahrung scheint die Bezeichnung „Methodisten“ nicht zu passen. Ursprünglich war sie ein Schimpfwort. Auf der Universität führten John Wesley, der einflußreichere der beiden Brüder, und einige seiner Studienfreunde ein gewissenhaftes und geregeltes Leben. In allem, was sie taten, zeigte sich Methode.*

*Wie zu erwarten, ist die Kirche von England gegen die methodistischen „Störenfriede“. In vielen Orten verbannt man sie von den Kanzeln und aus den Kirchen. Deshalb gehen die Methodistenprediger auf die Straße, um dort durch Erweckungspredigten einzelne Menschen zu einer radikalen Umkehr und Bekehrung zu bringen. Zunächst handelt es sich bei den Predigern um Männer und Frauen, die dies neben ihrer bürgerlichen Arbeit tun. Später übernehmen hauptberufliche Wanderprediger diese Aufgabe. Allmählich bilden sich örtliche Methodistengemeinden mit festen Seelsorgern und eigenen Kapellen. Sie sagen* Kapelle, *um den Unterschied zu den* Kirchen *der Kirche von England deutlich zu machen. Den Methodisten ergeht es jedoch wie vielen anderen revolutionären Bewegungen auch: Sie werden mit der Zeit bequem, ja unbeweglich, sie beschäftigen sich zu sehr mit sich selbst, und ihre Mitglieder sind nicht selten unter sich zerstritten. William Booth erlebt wesentliche Stadien dieser Entwicklung mit.*

William besucht mit Gregory Gottesdienste und Bibelstunden der Methodistengemeinde. Seine Vorstellungen von der Zukunft sind gemischt. Zunächst einmal möchte er in seinem Beruf erfolgreich sein, um seiner Mutter und

seinen Schwestern unter die Arme greifen zu können. Frau Booth hat nach dem Tod ihres Mannes eine kleinere Wohnung bezogen und einen kleinen Kramladen aufgemacht, in dem außer ihr die Töchter Anne und Mary bedienen. Der Laden bringt wenig ein. William sieht, wie seine Mutter und seine Schwestern gegen die Armut kämpfen. Vor allem diese Erfahrung mag ihn veranlaßt haben, rückblickend seine Jugendzeit als *blighted*, d. h. verdunkelt, überschattet, zu bezeichnen.
Ein weiterer Vorsatz ist, politische Reformen, vor allem durch flammende Reden, zu unterstützen. Er sieht darin keinen Widerspruch zu seiner Annäherung an die Methodisten, denn es gibt schon seit längerem Verbindungen zwischen einzelnen Methodisten und Chartisten. Schon die Luddisten hatten Methodisten in ihren Reihen. Als 1813 in York 14 Luddisten hingerichtet wurden, sangen sie methodistische Lieder, und der 1817 wegen politischer Aktivitäten gehängte Isaac Ludlam war Erweckungsprediger. Und wenn Feargus O'Connor und andere Chartisten politische Reformen forderten, dann redeten sie wie Prediger und riefen biblische Strafen auf die „Ausbeuter" herab.
Die Begegnung mit den Methodisten weckt in William aber vor allem *ein* Bedürfnis: mit Gott ins reine zu kommen. Dazu hat er bald einen konkreten Anlaß. Bei einem Handel — es geht um einen silbernen Bleistifthalter — hat er, so will es ihm scheinen, einen Jungen übervorteilt, und auch der eine oder andere fragwürdige Handel im Pfandhaus belastet sein Gewissen. So erfährt er am eigenen Leib, was ein Prediger in der Nottinghamer Kapelle, die William besucht, in die Worte faßt: „Jede Minute stirbt eine Seele." Aber, so sagt derselbe Prediger, man braucht nicht zu verzweifeln. Jeder Sünder kann gerettet werden, wenn er möglichst auf der Stelle bereut und ein neues Leben anfängt. William gibt den Bleistifthalter zurück und bekennt in der Kapelle öffentlich seine Schuld. Danach fühlt er sich befreit. Zugleich fühlt er sich verpflichtet, andere zu retten, so wie er gerettet worden ist,

und ihnen zu ihrer seelischen Erweckung und Bekehrung zu verhelfen.
Die Gewissensqualen und die Freude über die Errettung haben William überanstrengt. Er hat hohes Fieber, doch er macht sich bald schon an die Bekehrungsarbeit. Das muß er alles nach der Arbeit tun, und die Arbeitszeit ist lang. Von morgens 7 bis abends 7 steht er im Pfandhaus. Er hat nur 40 Minuten Mittagspause. Sonntags muß er auch arbeiten. Wenn er abends von der Arbeit kommt, ißt er rasch etwas, dann geht er, meist mit seinem Freund Will Sansom, in ein Armenviertel. Will stellt sich auf einen Stuhl und singt ein Lied, um Menschen anzulokken. Wenn dann einige stehenbleiben, steigt William auf den Stuhl und hält eine kurze Ansprache. Die Zuhörer werden dann eingeladen, mit in ein Haus zu kommen, wo eine Abendversammlung gehalten wird. Will und William versuchen so, Menschen zu Christus hinzuführen, indem diese ihre Sünden bekennen und so ihrem Leben einen neuen Sinn und eine neue Richtung geben. Nach den Bekehrungsgesprächen besuchen die beiden Freunde, jetzt zwischen 15 und 16 Jahren alt, dann noch Kranke und Sterbende. Oft kommt William erst nach Mitternacht nach Hause. Die gutherzige Mutter ist ihm bei alledem eine große Hilfe. In der Mittagspause liest er in der Bibel oder in religiösen Schriften. Will und William bringen viele Menschen zur Umkehr, und sie helfen in Notlagen: So besorgen sie einer hilflosen alten Bettlerin ein kleines Zimmer und sorgen für ihren Unterhalt. Doch die örtlichen Methodistengeistlichen spenden ihnen kein Lob. Sie sagen, ihre Erweckungsarbeit sei zu hastig und zu oberflächlich. Will Sansom hat sich bei der Straßenmission aufgerieben. Er erkrankt an Tuberkulose. Die Ärzte raten, ihn aufs Land zu bringen. Er stirbt bald. William Booth missioniert allein weiter, indem er die äußeren und die inneren Schwierigkeiten der Menschen, die er um sich sammeln kann, gleicherweise im Auge behält: Er ist Sozialarbeiter und zugleich Seelenretter.
Neuen Auftrieb bekommt er, als der amerikanische

Evangelist James Caughey in Nottingham Erweckungspredigten hält. William will es ihm gleichtun, dazu braucht er aber mehr freie Zeit. Er bittet daher seinen Chef, ihm die Überstunden und die Sonntagsarbeit zu erlassen. Der Chef sagt nein. William wird entlassen. Doch nach einer Woche wird dem Chef klar, was er an William gehabt hat, und er stellt ihn wieder ein. Als er mit seiner Frau nach Paris in Ferien fährt, überträgt er William die Verantwortung für das Geschäft. Der Lehrling trägt eine große Verantwortung: Immerhin werden im Laufe einer Woche über 1000 Schilling umgesetzt.
William missioniert weiter an den Straßenecken von Nottingham. Einmal zieht er mit etwa 30 bekehrten Jugendlichen vor die Methodistenkapelle in der Broad Street. Einzelne Geschäftsleute und Fabrikanten sitzen schon in den vorderen Bänken. Sie haben ihren Platz bezahlt. Die Armen müssen ganz hinten, hinter einer Trennwand, Platz nehmen. Die Bänke dort haben keine Rückenlehnen und keine Kissen. Von hinten kann man den Prediger hören, aber nicht sehen. Die Wohlhabenden betreten und verlassen die Kapelle durch den Haupteingang, die Armen müssen einen Seiteneingang benutzen. Als der „dickköpfige Will", wie ihn viele nennen, mit den zerlumpten, ungewaschenen Jungen vor der Kapelle steht, sagen einige zu ihm, sie schämten sich wegen ihrer Lumpen hineinzugehen, und es würde ihnen dann in der Kapelle auch klar, daß Gott nichts mit ihnen im Sinn habe. Sie glauben nämlich, Gott zeichne seine Erwählten durch Geld und schöne Kleider aus. Wer dagegen nicht erfolgreich sei, der müsse annehmen, daß er zu den Verdammten gehöre. „Alles Unsinn!" sagt William Booth, „vor Gott sind alle gleich." Und er geht mit den Jungen durch den Haupteingang in die Kapelle, und sie nehmen in den vorderen Bänken Platz. Hinterher wird der „dickköpfige Will" von den erbosten Kirchenoberen gerüffelt. Sie erklären ihm, sie müßten unter allen Umständen Geld durch das Vermieten der Kirchenbänke hereinbekommen, sonst könnten sie keine guten Prediger bezahlen,

und wenn man den Kirchenbesuchern keine attraktiven Prediger mehr bieten könne, dann gingen sie anderswohin zum Gottesdienst. Die Konkurrenz sei groß.
William überzeugen diese Argumente nicht. Er wendet sich auch dagegen, daß in den Predigten gegen die Trunksucht und die sexuelle Freizügigkeit der Randexistenzen gewettert wird, die geschickt verdeckten Fehltritte der feinen Leute und ihre sozialen Sünden, etwa selbstverschuldeter Bankrott, dagegen überhaupt nicht zur Sprache kommen.
William missioniert unverdrossen weiter. Er hält sich an das Wort John Wesleys: „Geht nicht nur zu denen, die euch brauchen, sondern vor allem zu denen, die euch am meisten brauchen!" Er bekehrt Menschen, die als unbekehrbar galten. Er kann Seelen retten, das muß die Kirchenleitung zugeben, aber er verschreckt die anständigen Bürger, auf die man, nicht zuletzt der Spenden wegen, angewiesen ist. Das Beste wäre, William Booth unauffällig an die Kette zu legen. Also empfiehlt man ihm, sich als Prediger ausbilden zu lassen und dann ordinierter Seelsorger zu werden. Dann, so hoffen die Methodistenoberen, wird er begreifen, daß sich das Bild des Predigers gewandelt hat: Dieser muß sich zunehmend um die Beschaffung von Geldern kümmern, damit man Kapellen bauen kann, denn jetzt gehen immer mehr Leute, denen es wirtschaftlich nicht mehr so schlecht geht, zur Kirche oder zur Kapelle. Der Kirchenbesuch zeigt, daß man „dazugehört". Hinzu kommt, daß vor allem die Zahl der weiblichen Kirchenbesucher zunimmt. Für etliche Frauen ist der Gottesdienstbesuch nämlich eine willkommene Abwechslung von der anstrengenden Hausarbeit. Andere Frauen machen die Erfahrung, daß der Kirchenbesuch die Familienbande stärkt. Dies ist wichtig in einer Zeit rascher Umwälzungen, in denen man sehen muß, wie man mit und in der Familie überleben kann. Die Aufsteiger wollen „ordentlich" und „anständig" sein. Dem müssen die miteinander konkurrierenden Kirchen Rechnung tragen, sagt die Kirchenleitung.

William Booth hört sich das an. Er möchte aber nicht auf ein Predigerseminar gehen. Theologische Spitzfindigkeiten interessieren ihn nicht, und er möchte sich nicht von denen entfernen (oder entfernen lassen), die ganz unten sind. Er sagt, im übrigen sei seine Gesundheit nicht stabil, und er fürchte, die Ausbildung zum offiziellen Prediger nicht durchstehen zu können. Man zuckt die Achseln.
Als er 19 Jahre alt ist, ist seine Lehrzeit im Pfandhaus zu Ende. Der Chef stellt einen neuen Lehrling ein. Das ist billiger für ihn. William ist jetzt arbeitslos, und er findet keine Stelle. Er missioniert weiter, besucht Kranke, Sterbende und Bekehrte, und er liest religiöse Schriftsteller, wie Wesley, Whitfield und Finney.
Wo versucht ein arbeitsloser junger Mann aus der Provinz sein Glück? In London. William hofft, dort bei einer Schwester wohnen zu können, die einen Trinker geheiratet hat, der nichts von Religion wissen will. Hier kann er aber nicht bleiben. Ein ganzes Jahr lang sucht er vergebens eine Arbeitsstelle. Er schließt sich einer Methodistengemeinde an. Er hat genügend Zeit, sich in London umzusehen. Sicher, Nottingham ist auch eine Stadt, aber verglichen mit London doch nur ein „Industriedorf". In Nottingham hatte man immer noch das Gefühl, von Wäldern, Feldern und Bauernhöfen nicht allzu weit entfernt zu sein. Hier in London kommt man sich, je nach Temperament, wie in einem Dschungel oder wie im Innern einer riesigen Maschine vor. London wirkt auf Neuankömmlinge wie ein Monster, und für alle, auch die Eingesessenen, ist London ein Problem.

*Die Häuser und Straßen Londons sind mit Menschen überfüllt. Viele sind vom Land hierher gekommen, um Arbeit zu finden. Es gibt nicht genügend Wohnraum. Man lebt auf engstem Raum zusammen. Das begünstigt Reibungen, sexuelle Freizügigkeit und Übertragung von Krankheitskeimen, vor allem wegen der verheerenden sanitären Mängel. Die Behörden wollen dem drohenden*

*Kollaps entgegenwirken. Sie beseitigen einige der schlimmsten Elendsviertel, legen neue Straßen an und bauen Bahnhöfe mitten in der Stadt, um den Verkehrsfluß zu beschleunigen. Aber wohin mit den Menschen aus den geräumten Elendsvierteln? Sie rücken weiter an den Stadtrand oder hausen zwischen den Abfallhaufen der „Vorstadt-Sahara" (Dickens), dem Gebiet um die Stadt herum, das schon nicht mehr Land, aber noch nicht Stadt ist. Hier stinkt es noch schlimmer als mitten in der Stadt, am schlimmsten stinkt die Themse, in die aller Unrat eingeleitet wird.*

*Wenn es um Sanierung geht, stehen sich verschiedene Interessen im Wege. Man könnte beispielsweise die Abfallhaufen in den Straßen in Abwässerkanäle spülen. Doch damit ist das Heer der Abfallsammler ganz und gar nicht einverstanden. Diese suchen im Müll nach Dingen, die sie vielleicht irgendwo verkaufen können. Wenn man fließendes Wasser in Mietshäusern verlegen will, protestieren die Hausbesitzer: Die regelmäßige Entleerung der Abortgruben ist ihnen zu teuer.*

*Schlimmer noch als die äußeren Umstände ist die innere Verfassung der meisten Stadtbewohner. In den Dörfern hatten sie in der Familie, der Dorfgemeinschaft und der Kirchengemeinde in der Regel einen festen Halt. Alle diese Stützen fallen in der labyrinthisch wirkenden, ständig weiterwuchernden Metropole so gut wie ganz weg. Vor allem die Kirchen stellen sich nicht rechtzeitig auf das Heer der wurzellos gewordenen Neuankömmlinge ein, die sich in ihrer Verzweiflung ins Trinken, Opiumrauchen und in die gewerbsmäßige Unzucht flüchten. Auch hier stehen einer Besserung meistens gegensätzliche Interessenlagen entgegen. Die Gastwirte bekämpfen jeden Versuch, Trunksüchtige vom Trinken abzubringen. Männer aus der feinen Gesellschaft und Bordellbesitzer(innen) widersetzen sich jeder Initiative, den kriminellen Handel mit ahnungslosen Mädchen vom Lande einzuschränken oder ganz zu unterbinden.*

*Im Rückblick erscheint uns das schnelle Wachstum der*

*großen Industrie- und Handelszentren, beispielsweise Londons, nicht ganz so chaotisch und dämonisch. Den Menschen damals erschien es aber so. Sie hatten das Gefühl, die Stadt habe sich zum menschenverachtenden Polypen verselbständigt. Um sich dieses Gefühl vergegenwärtigen zu können, sollte man Romane jener Zeit lesen. In ihnen wird geschildert, wie einzelne Menschen mehr oder weniger verunsichert auf den Moloch Stadt reagieren, und dies in jeweils ganz konkreten Situationen. Man lese von Charles Dickens vor allem den Roman* Dombey and Son, *d. i. Dombey und Sohn (1846—1848), oder* The Secret Agent, *d. i. der Geheimagent (1907), von Joseph Conrad, besonders die Kapitel VII und VIII. Im VII. Kapitel macht sich ein Kriminalbeamter in der Dunkelheit auf den Weg zu einem entfernten Haus. Als er die Stufen zur Straße hinuntergeht, hat er das Gefühl, er steige in ein „schlammiges Aquarium" hinab, „aus dem man das Wasser herausgelassen hat". Er kommt sich vor wie ein „seltsamer, fremdartiger Fisch, der am Abend um dunkle Ekken huscht". Als er an einem kleinen italienischen Lokal vorbeikommt, spürt er eine „unmoralische Atmosphäre", und er stellt fest, wie er immer mehr von seiner eigenen Identität verliert und sich ein Gefühl „von Einsamkeit und böser Freiheit" einstellt. Wenn schon der nüchterne Beamte vom üblen Großstadtdunst vernebelt und vergiftet wird, um wieviel leichter werden dann labilere Charaktere in Verbrechen hineingleiten, wie der Geheimagent Verloc, der seinen behinderten Schwager opfert und dafür von seiner Frau ermordet wird. Im VIII. Kapitel wird geschildert, wie Frau Verloc ihre Mutter in einer Droschke in ein Altersheim bringt. Die Fahrt dorthin gleicht einer unheimlichen Reise durch die Unterwelt.*

Nachdem William jetzt schon ein ganzes Jahr arbeitslos gewesen ist, findet er eine Anstellung in einem Pfandhaus in Walworth (London). Hier wohnt er auch. Den Sonntag hat er frei. Er muß aber bis um 10 Uhr abends zu Hause sein. Er spart sich Geld vom Munde ab, um seine

Mutter und seine Schwestern in Nottingham zu unterstützen. Er arbeitet, und er missioniert. Aber er will sich nicht verzetteln. Er will Methode in seine Arbeit und in sein Seelenleben bringen. Er nimmt sich vor, jeden Morgen vor dem Aufstehen mindestens fünf Minuten lang zu beten, täglich mindestens vier Kapitel in der Heiligen Schrift zu lesen, oberflächliches Geschwätz zu vermeiden und immer und überall für die Sache Christi einzutreten. Mindestens zweimal in der Woche will er diesen Vorsatz erneuern.

Der Pfarrer der Methodistengemeinde, der sich William angeschlossen hat, rechnet den jungen Mann zu den „Reformern", und „Reformer" mag er nicht. William dagegen hält, wie übrigens andere Methodisten auch, den Methodismus für dringend reformbedürftig. Da er in dieser konservativen Gemeinde nicht mehr arbeiten kann, muß er sich ein neues Betätigungsfeld suchen. Der Schuhfabrikant Edward Harris Rabbits, der genauso wie William mit den Reformern sympathisiert, mag die zupackende Art und den Missionseifer des jungen Booth, und er ist bereit, ihm zunächst einmal drei Monate lang pro Woche ein Pfund zu zahlen, wenn er hauptamtlich eine reformfreundliche Gemeinde übernimmt. William kündigt sein Arbeitsverhältnis im Pfandhaus und übernimmt am 10. April 1852, seinem 23. Geburtstag, sein neues Amt. Am selben Tag hat Rabbits einige Reformer zu sich eingeladen. Unter den Gästen sind auch eine Frau Mumford und ihre 23jährige Tochter Catherine. William kommt mit Catherine ins Gespräch. Sie gefällt ihm. Nach dem Zusammensein bringt er sie nach Hause. In den folgenden Tagen und Wochen treffen sie sich häufiger. Er erzählt ihr, woher er kommt und was er tun möchte. Und Catherine erzählt ihm aus ihrem Leben.

# Catherine Mumford

Catherine Mumford wird am 17. Januar 1829 in Ashbourne (Derbyshire) geboren. Der Vater ist Wagenbauer und betätigt sich auch als methodistischer Laienprediger. Catherines Mutter ist eine fromme Frau, die ihr einziges Töchterchen schon ganz früh mit der Frohbotschaft Christi bekanntmacht. Von den vier Brüdern Catherines sterben drei ganz jung, der vierte wandert im Alter von 16 Jahren nach Amerika aus. Catherine hat also zu Hause keine Spielgefährten. Sie könnte mit anderen Kindern spielen, doch Frau Mumford ist dagegen. Catherine ist nämlich von schwacher körperlicher Konstitution, und, so findet ihre Mutter, von den ungehobelten Straßenkindern kann sie nichts Gutes lernen. So kommt es, daß Catherine die meiste Zeit zu Hause ist. Das geistig bewegliche, nimmermüde Kind hat hier aber keine Langeweile. Als sie drei Jahre alt ist, fängt sie schon an, Wörter zu buchstabieren, mit fünf Jahren kann sie lesen, und als sie zwölf ist, hat sie die Bibel schon mehr als einmal von der ersten bis zur letzten Seite durchgelesen. Wenn sie nicht liest, spielt sie mit ihren Puppen. Sie ist eine aufmerksame Puppenmutter. Sie betet mit ihren „Kindern" und näht ihnen Kleider. Frau Mumford nimmt regen Anteil an den vielfältigen Aktivitäten ihrer kleinen Tochter.

Catherine entwickelt schon früh ein feines Gespür für Gut und Böse. Wenn sie beispielsweise die Unwahrheit gesagt hat, fühlt sie sich unglücklich. Wer kann ihr aus der Niedergeschlagenheit heraushelfen? Ihre Mutter sagt ihr, das könne Gott allein. Wenn man bereue und umkehre, dann sei jederzeit ein Neuanfang möglich.

Das Mädchen kann sich gut in andere hineindenken und hineinfühlen, vor allem in Tiere. Sie weint fassungslos, wenn sie mit ansehen muß, wie Schafe von ungeduldigen Treibern geschlagen und hilflose Vogelkinder von Jungen totgetreten werden. Besonders hängt sie an Waterford, ihrem Hund, der sie überallhin begleitet und beschützt. Eines Tages ist Catherine in das väterliche Geschäft gegangen. Der Hund ist draußen geblieben. Sie verletzt sich durch eine ungeschickte Bewegung am Fuß und stößt einen Schrei aus. Der Hund glaubt, Catherine sei in Gefahr, und springt durch das geschlossene Fenster in den Laden. Glas und Fensterrahmen gehen dabei in die Brüche. Der Vater ist wütend. Er läßt den Hund auf der Stelle erschießen. Es dauert lange, bis Catherine wieder mit dem Vater spricht. Dabei neigt sie selber häufiger zu Wutausbrüchen, was ihr, genauso wie dem Vater, nachher dann sehr leid tut.

Beim Anblick der unnötigen Leiden der Tiere kommen ihr Fragen wie die folgenden: Wie kann ein allwissender, allmächtiger, gütiger Gott so etwas zulassen? Dann tröstet sie sich damit, daß Gott schon wissen wird, warum er das alles zuläßt. Sie hat öfters das Gefühl, Gott sei ihr ganz nahe, um alle ihre quälenden Fragen fortzuwischen und ihr deutlich zu sagen, daß sie sich seiner Gnade sicher sein kann. Doch letzte Gewißheit hat sie noch nicht.

Bald blickt sie nicht mehr ausschließlich auf die leidenden Tiere. Sie schaut sich auch die Gesichter der Menschen an, die Tiere quälen. Sie entdeckt, daß diese Peiniger in der Regel selbst gepeinigt sind und ihre Enttäuschung und ihre Wut an Tieren auslassen. Ihre Seelen sind wundgescheuert. Also müßte man ihre Seelen retten und heilen, dann würde es auch den Tieren besser gehen. Wer könnte ihre Seelen aber besser heilen als Christus?

Doch viele Menschen kennen diesen Christus nicht, und nicht wenige von ihnen sagen: In denen, die sich Christen nennen, können wir die Liebe und Geduld Christi nicht erkennen! Deshalb will Catherine unglücklichen Menschen ein wenig von der Güte und der Liebe Gottes zeigen.

Es kommt häufiger vor, daß Polizisten einen Betrunkenen zu einem Raum bringen, wo er wieder nüchtern werden soll. Meistens laufen dann Kinder neben ihm her und

machen sich über ihn lustig. Catherine geht dann dicht neben dem Betrunkenen her und schaut ihn freundlich an. Er kommt sich auf diese Weise nicht ganz so verspottet und verlassen vor.
Catherine sagt sich: Zu solchen Szenen käme es gar nicht, wenn man die Leute dazu bringen könnte, gar nicht erst mit dem Trinken anzufangen. Vor allem in Gesprächen mit dem politisch wachen und interessierten Vater bekommt Catherine eine Ahnung davon, daß viele Leute trinken, weil sie arm oder arbeitslos sind oder in einer Wellblechhütte unterkriechen müssen. Man müßte diesen Menschen also Arbeit und eine anständige Wohnung geben. *Aber*, so sagt Herr Mumford, das ist nicht genug. Vielmehr muß man die Trinker (auch die Raucher und die Opiumabhängigen) von innen her verändern. Dies kann nur geschehen, wenn sie mit Gott ins reine kommen und ein neues Leben beginnen.
In Ashbourne, wie in vielen anderen Orten Englands, gibt es einen Verein, den Enthaltsamkeitsverein, der mithelfen will, daß andere vom Trinken und Rauchen loskommen oder erst gar nicht damit anfangen. Catherine gründet mit zwölf Jahren eine Jugendabteilung dieses Vereins und wird dessen Sekretärin. Einige sagen zu ihr, sie solle lieber mit ihren Puppen spielen, die Arbeit im Enthaltsamkeitsverein sei nichts für kleine Mädchen. Doch Catherine setzt ihre Arbeit fort. Sie schreibt Artikel über Trunksucht und Enthaltsamkeit und schickt diese ohne Namensangabe an Blätter, für die auch ihr Vater schreibt.
Da Christus für sie die Quelle aller Rettung und Heilung ist, hält sie es für ihre Pflicht, auch die Heidenmission nach Kräften zu unterstützen. Sie verzichtet auf Süßigkeiten. Das so ersparte Geld schickt sie zusammen mit Spenden aus ihrem Bekanntenkreis an ein Missionswerk. In Versammlungen wirbt sie für eine weitere, wirksame Unterstützung der Missionare.
Als Catherine zwölf Jahre alt ist, zieht die Familie nach Boston (Lincolnshire). Bis jetzt hat Frau Mumford ihre

Tochter zu Hause unterrichtet. Dies ist möglich, da es damals noch keine allgemeine Schulpflicht gibt. In Boston führt eine ausgezeichnete Lehrerin eine Schule der dortigen Methodistengemeinde, und Frau Mumford meldet Catherine in dieser Schule an. Sie lernt schnell und kann schon bald kleine Aufgaben bei der Betreuung von Mitschülern übernehmen. Einige Kinder sind neidisch auf Catherine und machen ihr die Arbeit schwer. Darüber ärgert sie sich furchtbar, doch gleich darauf bereut sie, daß sie ihrem Zorn freien Lauf gelassen hat. Ihr Lieblingsfach ist Geschichte. Sie ist von großen Gestalten der Weltgeschichte fasziniert und versucht herauszufinden, wie sie zu Macht und Einfluß kamen und wie sie diese nutzten. War da Eitelkeit im Spiel oder Ruhmsucht oder Menschenliebe? Indem sie über die möglichen Beweggründe anderer nachdenkt, lernt sie sich selber besser kennen und beobachten. Am leichtesten fallen ihr Aufsätze. Mathematik mag sie dagegen nicht sehr.
Als sie 14 Jahre alt ist, macht sich bei ihr eine Erkrankung des Rückenmarks bemerkbar. Sie muß die Schule verlassen und viel liegen. Auf dem Krankenbett erweitert sie durch Lesen vieler, vor allem theologischer und kirchengeschichtlicher Bücher ihr Wissen und ihren Horizont. Sie hält die wichtigsten Gedanken auf Blättern fest. Etwa zwei Jahre leidet sie an der Wirbelsäule. Mit 15 Jahren interessiert sich ein gutaussehender, intelligenter Vetter aus Derby für sie, und zuerst erwidert sie seine Zuneigung. Als sie jedoch merkt, daß ihm religiöse Dinge gleichgültig sind, bricht sie die Beziehung ab. Inzwischen hat auch ihr Vater eine Vorliebe für die Annehmlichkeiten der Welt entwickelt und ist in seinem Glauben lau geworden. Sie betet für ihn, sie hofft und bangt, und am Ende fragt sie sich: Wie ist es denn mit *mir*? Bin *ich* bekehrt? Habe *ich selber* die Gewißheit, von Gott angenommen zu sein? Sind *meine* Sünden vergeben?
Sie hat regelmäßig den Gottesdienst besucht, hat viel gebetet, hat um gepeinigte Tiere und unglückliche Menschen geweint, hat die Bibel und viele religiöse Bücher

gelesen, aber woher weiß sie, ob alle diese Aktivitäten Früchte getragen und ihr Herz tiefgreifend verändert haben? Da sind die Zornesausbrüche und gelegentliche Phasen tiefster Niedergeschlagenheit. Ist das gottgefällig? Kurz: Sie weiß nicht, wie sie vor Gott dasteht. Dann beruhigt sie sich selber: So schlimm sind diese Wutausbrüche ja auch wieder nicht. Aber sie weiß, wie sehr der Mensch sich selber täuschen kann. Sie will Gewißheit. Sie kann nicht einschlafen, geht unruhig auf und ab, bittet Gott um ein Zeichen, daß sie gerettet und damit „ein Kind und Erbe Gottes“ ist.
Eines Abends legt sie ihre Bibel und ihr Liederbuch unter ihr Kopfkissen und bittet Gott, sie mit dem sicheren Gefühl der Heilsgewißheit aufwachen zu lassen. Sie berichtet, am anderen Morgen seien ihre Augen auf den Liedtext: „Mein Gott, ich bin dein. Wie froh will ich sein! Wie köstlich zu wissen, daß Jesus ist mein“ gefallen. Jetzt braucht sie nicht mehr länger zu *hoffen*, gerettet zu sein; jetzt *weiß* sie sicher, daß sie gerettet ist! Vor Freude springt sie aus dem Bett, läuft zu ihrer Mutter und berichtet ihr, daß sie nun ihres Heils gewiß sei. Rückblikkend bemerkt Catherine Booth dazu, dies sei das erste Mal gewesen, daß sie mit ihrer Mutter über eine höchstpersönliche Herzens- besser: Seelenangelegenheit gesprochen habe. Sie findet diese Scheu nicht gut. Es sei wichtig, daß man mit Menschen, die einem nahestehen, ohne Scham über eigene Probleme spreche, das verschaffe nämlich ein Gefühl der Freiheit und der Freude. In ihrem späteren Leben wird sie das beachten.
Dieses Erweckungserlebnis beflügelt sie. Sie hat ein wunderbares Gefühl, als „ginge sie auf Luft“. Aber in diese Freude mischt sich die leise Furcht, sie könne rückfällig werden und „den köstlichen Frieden Gottes verlieren“.
Ihr Errettungserlebnis hat Catherine in Brixton (London), wo die Mumfords seit 1844 wohnen. Erst jetzt, nachdem sie sich von Gott angenommen weiß, tritt sie der örtlichen Methodistengemeinde bei. Sie besucht mit ihrer Mutter regelmäßig den Gottesdienst, doch beide

sind enttäuscht. Die Prediger geben sich nur wenig Mühe, die Gläubigen wachzurütteln. Der Gottesdienst ist für die meisten nur Routine. Hier kommt es nicht zu Bekehrungen und Durchbrüchen. Die Leute gehen aus der Kirche, wie sie gekommen sind: unverändert.

Catherine nimmt auch an Bibelstunden teil. Die Leiterin, die Frau eines Geistlichen, ist nicht richtig bei der Sache. Sie hat noch andere Interessen als die Verkündigung und Vertiefung der Heilsbotschaft. So kommt es, daß die Mädchen, die mit Catherine an diesen Bibelstunden teilnehmen, mit unverbindlichen Formeln abgespeist werden. Kein Mädchen fühlt sich persönlich angesprochen und berührt. Catherine sagt, man müsse ihnen gezielte Fragen wie etwa die folgenden stellen: Hast du in der vergangenen Woche mit Ernst und wirklicher Freude gebetet? Bist du deinen Familienangehörigen, deinen Freundinnen und Arbeitskolleginnen im Geist Christi begegnet? Hast du jede Gelegenheit genutzt, Gutes zu tun? Mit wievielen Leuten hast du über dein Seelenheil gesprochen? Hast du jemandem geholfen, sich für Christus zu entscheiden? Was hast du an Opfern gebracht, damit das Gottesreich ausgebreitet werden kann?

Solche persönlichen Fragen fordern eine Entscheidung: Entweder man macht Schluß mit dem alten Schlendrian und bekehrt sich, oder man tritt aus der Gemeinde aus. Ein schläfriges Gewohnheitschristentum, das sich wie Moos über die Seelen legt, ist für Catherine ein Greuel, und sie fragt sich: Was soll der Empfang der Sakramente, der Taufe und des Abendmahls, wenn er nichts bewirkt? In Gesprächen mit ihrer Mutter kommt sie zu dem Schluß, daß die Verkünder des Wortes Gottes vor allem dieses leisten müssen: die schleichende Gewöhnung unterbrechen. Unterbrechung — darauf kommt es an. Ohne Unterbrechung keine Umkehr und kein Neuanfang. Doch die Methodistengemeinde in Brixton und anderswo will Ruhe. Die geruhsamen Bürger wollen keine „Störung“. Catherine fragt sich: Was kann man gegen diesen Stillstand tun?

Zu dieser Sorge kommen andere Sorgen. Im Herbst des Jahres 1846 spürt Catherine heftige Schmerzen in der Brust und im Rücken. Abends hat sie hohes Fieber. Die Ärzte stellen Tuberkulose fest. An dieser Krankheit sterben damals besonders viele Mädchen und junge Frauen. Im Frühsommer des folgenden Jahres fährt sie zur Kur ins Seebad Brighton. Der linke Lungenflügel ist angegriffen, doch der untersuchende Arzt meint, dies sei nicht lebensbedrohend. Aber vorerst ist sie noch sehr schwach. Ein Kirchenbesuch zehrt so an ihren Kräften, daß sie sich niederlegen muß. Als sie am selben Tag noch einmal zur Kirche geht, um das Abendmahl zu empfangen, muß sie sich am Geländer festhalten, um nicht niederzusinken. Man begleitet sie nach Hause. Sie muß alle paar Schritte stehenbleiben. So schwach ist sie, so heftig sind die Schmerzen.

Trotz der Schmerzen und der Erschöpfung liest sie viel und schreibt in ihrem Tagebuch. Sie erneuert „den Bund mit ihrem Herrn" und bittet ihn, ihr Kraft zu geben, damit sie eine „lebendige" Christin sein kann. Zu diesen Schmerzen kommt der Schmerz darüber, daß ihr Vater vom Weg des Glaubens abgekommen ist. Sie bittet Gott, ihn wieder zum christlichen Glauben und zu einer christlichen Lebenspraxis zurückzuführen. Sie bietet Gott ihr Leben für die Bekehrung ihres Vaters an. (Tatsächlich wird Herr Mumford wieder gläubig.) In Brighton macht sie, obwohl selber krank und schwach, ihren ersten Krankenbesuch: Sie spricht und betet mit einem kranken Mädchen und versucht, ihm die Augen für die Heilsbotschaft Christi zu öffnen. Sie schreibt in ihrem Tagebuch, wenn sie, Catherine, am Leben bleibe, werde sie es sich zur Aufgabe machen, andere zu Christus zu führen.

Krankheit und Schwäche sind für sie kein Grund, Anforderungen an sich und andere abzumildern. Sie will „völlig" gerettet werden, und sie will „völligen" Frieden. So gibt sie sich auch nicht mit einer oberflächlichen Kenntnis der Bibel zufrieden. Am Neujahrstag des Jahres 1848 schreibt sie in ihr Tagebuch, sie habe sich für das neue

Jahr unter anderem vorgenommen, die Schrift „viel treuer" zu lesen. Einige Tage später notiert sie, sie habe wieder damit angefangen, morgens auf den Genuß von Butter und freitags auf das Mittagessen zu verzichten, und sie betet: „Hilf mir, Herr, in allen Dingen entschiedener zu sein und nicht meinen Gelüsten nachzugeben."

Inzwischen predigt in London und an anderen Orten ein faszinierender amerikanischer Evangelist. Er bringt Bewegung in die Methodistengemeinden. Etwa ein Drittel der Methodisten läßt sich aufrütteln und ist für eine Reform des erstarrten Glaubens- und Gemeindelebens. Diese „Reformer", zu denen sich Catherine hingezogen fühlt, werden von den konservativen Gemeindeoberen aus der Methodistenkirche ausgeschlossen. Die Leiterin der Bibelstunden warnt Catherine vor weiteren Kontakten mit den Reformern. Was soll sie jetzt machen? Sie ist im Methodismus großgeworden und sie liebt ihn, aber sie ist mit dem Schlaffwerden vieler Methodisten nicht einverstanden, und sie kann auch nicht verstehen, daß die Methodistenoberen die Reformer, die doch nur den weiteren Verfall des Methodismus aufhalten wollen, einfach aus der Gemeinde ausschließen. Das ist für Catherine nichts anderes als Unterdrückung, und sie hat ein Herz für Unterdrückte. Schweren Herzens sagt sie der Leiterin der Bibelstunden, den Reformern geschehe Unrecht. Daraufhin wird sie gleichfalls aus der Methodistengemeinde ausgeschlossen. Sie verliert damit auch Freundinnen und Bekannte.

Sie trauert jedoch nicht lange, sondern macht sich wieder an die Arbeit. Im Versammlungssaal der Reformer kümmert sie sich jeden Sonntag um eine Gruppe von Mädchen, die zwischen 12 und 19 Jahren alt sind. Sie bereitet sich auf die Sonntagsschule gründlich vor. Nach dem Kindergottesdienst betet sie noch eine Weile mit den Mädchen. Diese stille, konsequente Evangelisation trägt Früchte: Einige der Mädchen bekehren sich.

Einmal, als Catherine und ihre Mutter zum Gottesdienst

in die Kapelle der Reformer gehen, predigt in Vertretung des ständigen Seelsorgers ein hochgewachsener junger Mann namens William Booth. Einige Tage später fragt der Schuhfabrikant Rabbits Catherine, wie ihr die Predigt gefallen habe. Sie sagt, diese Predigt sei ganz nach ihrem Geschmack gewesen. Zwei Wochen später lädt Rabbits einige Reformer, unter ihnen William Booth, zu sich in sein Haus ein. Unter den Gästen sind auch Catherine und ihre Mutter. Catherine Mumford und William Booth sprechen zum erstenmal miteinander, und sie mögen sich.

# Ein ideales Paar

Nun hat William zwar eine Seelsorgerstelle, aber er ist finanziell von Herrn Rabbits abhängig. Deshalb findet er noch nicht den Mut, sich mit Catherine zu verloben. Hinzu kommt, daß die Reformer unter den Methodisten sich miteinander streiten. So ist Williams Zukunft mehr als ungewiß, und er möchte sich nicht binden, bevor er Catherine nicht ein Minimum an Sicherheit bieten kann. Er ist traurig, verzagt, ja verzweifelt. Catherine versucht ihn innerlich wieder aufzurichten. Sie schreibt ihm am 11. und 13. Mai 1852, er solle sich von solchen Depressionen nicht unterkriegen lassen, Gott liebe ihn. Wenn sie zu seiner Unruhe beitrage, sei sie bereit, wenn auch schweren Herzens, ihn nicht mehr zu sehen und zu treffen. Nüchtern macht sie ihn darauf aufmerksam, daß er seinen Einfluß auf gewisse Gemeindemitglieder offensichtlich überschätzt. Er habe aber einige treue Freunde in der Gemeinde, und er habe Gott zum Freund. Der werde ihm den Weg zu „einem weit größeren Arbeitsfeld bahnen", als er jetzt ahne. Sie schreibt, sie habe Verständnis dafür, daß er wegen der unsicheren Zukunft die Verlobung aufschieben möchte, aber sie spekuliere nicht auf materielle Sicherheit. „Glänzende Aussichten" locken sie nicht, und von trüben Aussichten läßt sie sich nicht abschrecken, wenn sie sicher ist, daß William sie wirklich liebt. Ob er sie liebe, will sie wissen. Wenn dies der Fall sei, brauchten sie sich vor der Zukunft nicht zu fürchten.

Sie verloben sich am 15. Mai 1852. Die Briefe, die sich die Verlobten schreiben, gehören zu den schönsten der gesamten Briefliteratur. Persönliches Empfinden, Gottvertrauen und gesunder Menschenverstand gehen hier eine glückliche Verbindung ein. Catherine hat bekommen, was sie sich immer schon ausdrücklich gewünscht hat: Ihr Bräutigam ist in religiösen Dingen eines Sinnes mit

ihr. Er ist ein Bekehrter, er ist intelligent, denn „einen Dummkopf hätte sie nie richtig achten können". Im Geschmack und in ihren Neigungen stimmen sie weitgehend überein. Schließlich sieht William gut aus und trinkt keinen Alkohol. „Groß und dunkel", so hat sie sich schon als Mädchen ihren Bräutigam vorgestellt, und er müßte William heißen. Was sie restlos glücklich machen würde: Er sollte Pastor sein.
Haupt- und Nebenwünsche sieht sie erfüllt, nun denkt sie an ihre zukünftige Ehe; sie hat da schon feste Vorstellungen: Sie wird keine Geheimnisse vor William haben. Meinungsverschiedenheiten werden sie ruhig beizulegen versuchen, und in Gegenwart der Kinder werden sie sich niemals streiten.
Auch William hat feste Vorstellungen von der Ehe. Für ihn ist die Frau, weil „sie eine Ader mehr im Herzen hat", für die Liebe und für Herzensangelegenheiten zuständig, das Denken und Entscheiden ist dagegen Sache des Mannes, weil die Frau „eine Zelle weniger im Hirn hat" als der Mann. So denken damals fast alle Victorianer, die Frauen eingeschlossen. Nicht so Catherine. Sie hält William entgegen, die Frau sei dem Mann an geistigen Fähigkeiten ganz und gar nicht unterlegen. Wenn dies den Anschein habe, dann liege das nur an der Erziehung. Einem Geistlichen, einem gewissen Dr. Thomas gegenüber führt sie das, was sie mit William diskutiert hat, weiter aus. Sie hat von einer Predigt des Geistlichen her den Eindruck, er halte die Frauen nicht nur auf geistigem, sondern auch auf moralischem Gebiet für minderwertig. Was die intellektuelle Seite anbetreffe, schreibt Catherine, so würden die Tore des Wissens kommenden Frauengenerationen offen stehen, und man werde dann sehen, was der „kultivierte, ausgereifte Frauengeist" alles vermöge. Das sei eine Frage der gleichen Bildungschancen. Was die Moral betreffe, so habe Christus an die Frauen die gleichen moralischen Forderungen gestellt wie an die Männer, und schließlich seien spätestens seit der Kreuzigung die Frauen Christus am treusten nachgefolgt.

Man solle daher den Frauen endlich „Schule, Presse, Podium, ja selbst die Kanzel“ öffnen. Dann werde sich zeigen, was die Frauen für das Kommen des Gottesreiches an Großem leisten könnten.
Für die damalige Zeit sind das revolutionäre Gedanken, und sie sind klar und schlüssig vorgetragen. Das Erstaunlichste daran ist aber, daß Catherine diese Gedanken nicht etwa aus Zirkeln von Frauenrechtlerinnen, sondern ganz aus sich selbst heraus entwickelt hat. Sie denkt und entscheidet selbständig, ohne jemals schroff zu sein.
Sie bereitet sich durch die gründliche Lektüre weiterer theologischer Literatur auf ihre Arbeit als Pfarrersfrau vor. Sie möchte nämlich ihren Mann aktiv unterstützen, und da er nicht eigentlich ein Theologe ist, wird er, so denkt Catherine, diese Unterstützung brauchen. Sie beobachtet ihn genau, sie macht ihm Mut. Den braucht er dringend, denn nach einem Jahr möchte die Gemeinde, in der William arbeitet, die Ausgaben für einen Pfarrer sparen. William Booth möchte aber nicht wieder von Rabbits abhängig werden, deshalb nimmt er eine Stelle in einer reformfreundlichen Methodistengemeinde in Spalding (Lincolnshire) an. Jetzt können die Verlobten nur noch brieflich ihre Beobachtungen und Gedanken austauschen. Die Gemeinde in Spalding ist mit William Booth anscheinend zufrieden, doch Catherine warnt ihn vor Schmeichlern und vor allzu großem Ehrgeiz. In der ausgedehnten Landgemeinde muß William Booth mal hier, mal da predigen. Catherine gibt ihm Ratschläge, wobei sie in ihrem ausgeprägten Realitätssinn auch scheinbare Kleinigkeiten nicht vergißt. So soll er an den Orten, an denen er abends predigt, übernachten und seine Kräfte nicht in allzu langen Fußmärschen verschleißen. Er soll sich eine handliche Ledertasche kaufen, in der die Bibel, ein theologisches Buch, Federn, Tinte und Papier und auch eine Kerze Platz haben. Er soll morgens um 6 Uhr aufstehen und bis zum ersten Frühstück sein theologisches Wissen erweitern, denn schließlich hat er nicht Theologie studiert und ist auch nie auf einem Prediger-

seminar gewesen. Nach dem Frühstück und der Familienandacht sollte er dann wieder auf sein Zimmer gehen und studieren. Nach dem Mittagessen soll er sich sofort auf den Weg zum nächsten Predigtort machen. Das soll die Regel sein. Ausnahmen bestätigen die Regel, fügt sie verständnisvoll hinzu.
Die Arbeit in der Landgemeinde Spalding macht ihm nach einiger Zeit nur noch wenig Freude. Was als „Reform" begonnen hat, endet in Streitereien zwischen einzelnen Gemeinden und Gruppen. Es ist keine Linie mehr zu sehen. Deshalb schließt William Booth sich einer neuen Richtung, dem Neuen Methodistenbund, an. Dieser ist wieder stärker an den ursprünglichen Vorstellungen John Wesleys orientiert. Der Neue Bund bringt Ordnung in die Seelsorgearbeit und in die Gemeinde, ohne die einzelnen zu sehr einzuschränken. William Booth versucht, die Reformer mit dem Neuen Methodistenbund zu vereinigen. Doch der Versuch mißlingt, und er trennt sich von den Reformern. Der Neue Methodistenbund schickt William Booth Mitte 1853 in das Predigerseminar in London, wo er seine theologischen Kenntnisse ordnen und vertiefen soll. Nach einem halbjährigen Studium übernimmt er eine Pfarrstelle in London. Catherine hilft ihm bei der Konzeption wirksamer Bekehrungspredigten, und sie denkt in kleinen Artikeln für das Mitteilungsblatt des Neuen Methodistenbundes über die wichtige Frage nach, wie man die Neubekehrten davor bewahren kann, wieder in den alten Trott zurückzufallen. Ihrer Meinung nach sind dazu vier Grundvoraussetzungen nötig: ausreichende Ernährung, eine saubere Unterkunft, eine freundliche Atmosphäre und die Möglichkeit, individuelle Fähigkeiten voll zu entfalten. Etwa zu derselben Zeit macht sich auch William Gedanken darüber, wie man die Neubekehrten am besten im Glauben bewahren kann. Ihm ist nämlich aufgefallen, daß sich etliche Pfarrer des Neuen Methodistenbundes aus Neid oder Bequemlichkeit nicht um die Neubekehrten kümmern. Was könnte man da tun?

In dieser Londoner Zeit heiraten die beiden. Die Heirat findet am 16. Juni 1855 in kleinstem Kreis statt. Aus dem engeren Familienkreis sind anwesend: der Geistliche, Catherines Vater, Williams Schwester Emma und der Küster.[4] Gleich nach der Hochzeit reist das Paar über die Insel Wight zu den britischen Kanalinseln Guernsey und Jersey. Dort erreichen sie viele Bekehrungen. Für Catherine sind die Anstrengungen zu groß. Sie fährt zu ihrer Mutter nach London, um sich zu erholen. Sie schreibt William rührende Briefe. Als er nach England zurückkommt, missionieren sie zusammen in Hull. Doch wieder ist Catherines zeitlebens schwache Konstitution, trotz aller Willensstärke, den Strapazen nicht gewachsen. Sie bleibt in Caistor zurück. Von hier aus schreibt sie an William, wie sehr sie sich über die Lämmer auf den Wiesen freut und wie traurig sie darüber ist, daß bei der Einnahme von Sewastopol (im Krimkrieg) so viele Menschenleben zerstört und Heimstätten verwüstet worden sind. Sie hofft auf den Tag, an dem alle Christen gegen den Krieg protestieren werden.
Im Herbst bekehren Catherine und William Booth in Sheffield innerhalb eines Monats 663 Menschen. In Dewsbury bekommt Catherine eine Lungenentzündung. Sie schwört auf homöopathische Mittel und ist bald wieder auf den Beinen. In den Briefen an ihre Mutter schreibt sie immer wieder, sie sehne sich nach einer kleinen Wohnung. Davon abgesehen, ist sie voller Zuversicht. Anfang 1859 bekehren sie in Halifax, Macclesfield und Yarmouth viele Seelen. In Halifax bringt Catherine ihr erstes Kind, Bramwell, zur Welt. In Macclesfield ver-

[4] Diese stille Heirat zeigt, daß William Booth und Catherine Mumford im Grunde ihres Herzens keine publicity-süchtigen Extrovertierten waren. F. Del Booth Tucker sagt in *The Life of Catherine Booth*, London 1893, Band I, S. 190ff, die Booths hätten sich später allerdings gefragt, ob es richtig war, die übrigen Verwandten, ihre Freunde und Bekannten von der Hochzeit auszuschließen. Bei der Hochzeit ihrer Kinder drängten sie, vermutlich aus diesem Grund, darauf, daß viele Gäste eingeladen wurden.

sammeln sich Arbeiterinnen aus den großen Seidenfabriken in Arbeitskleidung unter dem Zimmer, in dem Catherine mit Bramwell wohnt, und singen Lieder. Einige der Methodistenoberen fragen, ob solch rasche Bekehrungen das Richtige seien. Catherine liest den Herren die Leviten. Sie sagt, die Dauerhaftigkeit der Bekehrung hänge nicht von deren Plötzlichkeit oder Langsamkeit, sondern von ihrer Tiefe, der Intelligenz der Bekehrten und vor allem von der Fürsorge ab, mit der man den Glauben der Neubekehrten pflege. Aber genau in diesem Punkt versagen die meisten Pfarrer. Sobald Catherine und William Booth einen Ort verlassen haben, bleiben die Neubekehrten in der Regel sich selber überlassen. Wäre es da nicht besser, wenn Catherine und William die Bewahrung der Neubekehrten selber in die Hand nähmen? Von solchen Überlegungen ist es nur noch ein Schritt zur Gründung der Heilsarmee. Doch es ist noch nicht soweit. Catherine und William Booth bewirken in weiteren Orten viele Erweckungen und Bekehrungen. Die Fahrten in der Kutsche sind anstrengend. Die Vorsteher des Neuen Methodistenbundes bremsen die Erwekkungsreisen. William Booth soll noch eine Zeitlang in einer einzelnen Pfarrgemeinde wirken, später dürfe er dann wieder evangelisieren. Evangelisieren ist aber genau das, was William Booth am liebsten tut und am besten kann. Catherine vermutet hinter der Anordnung der Methodistenkonferenz puren Neid. Sie wünscht alle Konferenzen dahin, „wo der Pfeffer wächst".
Zuerst wird ihnen die Gemeinde in Brighouse zugewiesen. Hier macht sich wieder Catherines altes Rückenmarksleiden bemerkbar. Sie möchte am liebsten „ohne Körper leben", klagt sie und fügt hinzu, es gebe so gut wie keinen Tag, an dem sie nicht irgendwelche Schmerzen habe. (Dies wird bis zu ihrem Tod so bleiben.) Inzwischen ist ihr Arbeitspensum im Haushalt gewachsen. Sie hat zwei weitere Kinder bekommen: Ballington und Katie, und bis 1867 werden noch fünf weitere hinzukommen: Emma, Herbert, Mary, Evangeline und Lucy.

Trotz dieser wachsenden Belastung engagiert sich Catherine Booth immer stärker in der Gemeindearbeit. Von Brighouse ziehen sie nach Gateshead um.
Eines Abends ist Catherine auf dem Weg zum Abendgottesdienst. Sie geht durch eine Straße, in der Arbeiterfrauen aus den Fenstern schauen oder vor den Türen stehen und sich unterhalten. Catherine fragt sich plötzlich, ob es nicht wichtiger sei, diese Frauen für den Gottesdienstbesuch zu gewinnen, als allein zur Kapelle zu gehen und die Feier zu genießen. Sie spricht mit einzelnen Frauen. Diese versprechen, das nächste Mal zum Gottesdienst zu kommen. Eine Frau klagt, ihr Mann sei ein Trinker und ruiniere die ganze Familie. Catherine spricht mit ihm und bringt ihn dazu, schriftlich zu versprechen, daß er nicht mehr trinken werde. In einem anderen Haus, in dem eine Frau gerade mutterseelenallein Zwillinge zur Welt gebracht hat, badet sie die Kinder in einer großen Kuchenform und wickelt sie. Das ist der Anfang systematischer Hausbesuche, bei denen sie vor allem viele Männer vom Trinken abbringt und viel Kraft investiert.
Im Jahr 1860 kommt ein neues Arbeitsfeld hinzu. In Gateshead predigen ein Amerikaner namens Palmer und seine Frau. In der Presse wird Frau Palmer angegriffen: Frauen hätten auf der Kanzel nichts zu suchen. Wieso nicht? fragt Catherine Booth, schließlich war es in den Anfangszeiten des Methodismus selbstverständlich, daß Frauen predigten. Inzwischen haben sich die Methodisten wieder der victorianischen Tendenz angeschlossen, Frauen auf die Arbeit in Küche und im Kinderzimmer zu beschränken. Catherine veröffentlicht eine Broschüre mit dem Titel „Das Recht der Frauen zu predigen“. Bis zu dieser Zeit hat sie sich gescheut, selbst öffentlich zu predigen. Pfingsten 1860 überwindet sie ihre Scheu. Während des Gottesdienstes, den ihr Mann hält, steht sie auf, geht zur Kanzel und bittet ihn, predigen zu dürfen. William sagt freudig ja. Sie spricht über die Wirkung des Heiligen Geistes. Das Thema der Heiligung beschäftigt

die beiden zu der Zeit sehr: Ebenso wichtig wie die Erlösung *von* der Sünde ist die Bewahrung *vor* der Sünde. Diese ist nur durch Heiligung möglich. Heiligung erreicht man nicht durch einen gewaltsamen Willensakt, sondern dadurch, daß man Jesus gelassen in das Herz einziehen und dort Wohnung nehmen läßt. Nur durch Heiligung kann man die Früchte der Erlösung bewahren, auch dies ein Gedanke, der später bei der Bildung der Heilsarmee eine wichtige Rolle spielen wird.

Die Gläubigen sind von Catherines Predigt begeistert. Sie trägt ihre sinnvoll geordneten Gedanken klar und ruhig vor. Von allen Seiten kommen Einladungen, und damit beginnt eine ausgedehnte Predigttätigkeit. Allein im Jahr 1879 wird sie in 59 Städten predigen. Catherine Booth gewinnt die Menschen nicht nur mit ihrer Rednergabe. Viele sind auch davon angetan, wie gut sie aussieht und mit welchem Geschmack sie sich kleidet. (Man lobt auch den Schick der Kleider und Anzüge, die sie für ihre Kinder näht.)

1860 wird William sehr krank. Seine Frau vertritt ihn, und sie predigt auch in anderen Orten. William leidet zunehmend darunter, daß er immer noch nicht wieder ausschließlich evangelisieren darf. Seit Juni 1857 hat man ihn immer wieder vertröstet: Bald werde er wieder ausschließlich Evangelisierungsreisen machen können. Er könnte den Leitern des Neuen Methodistenbundes ein Ultimatum stellen, doch er fürchtet den Bruch. Er kann sich nämlich eine erfolgreiche Erweckungs- und Bekehrungsarbeit auf die Dauer nicht ohne einen festen kirchlichen oder quasi-kirchlichen Rahmen vorstellen. Es genügt nicht, so sagt er sich, Menschen für einen Augenblick aus dem Trott herauszureißen und sie für ein Leben in der Nachfolge Christi zu erwecken. Man muß nach der Erweckung dafür sorgen, daß die zarte Pflanze des mit der Erweckung gewonnenen Glaubens nicht gleich wieder verkümmert.

Doch Catherine Booth sagt, man dürfe sich nicht länger hinhalten lassen. Sie selber hätten genug Geduld bewie-

sen; was die Methodistenoberen mit ihnen trieben, sei glatter Wortbruch. Im Mai 1861 beschließt die Jahreskonferenz des Neuen Methodistenbundes, William Booth solle ruhig weiter seine Pfarrerarbeit tun. Catherine und William Booth sind bei der Abstimmung dabei. Als sie den Beschluß hört, ruft Catherine von der Empore herunter: „Niemals!" William, der unten gesessen hat, steht auf und geht zum Ausgang. Unter der Emporentreppe umarmen sie sich und gehen hinaus.
Catherine geht keiner Auseinandersetzung aus dem Weg, und auch William gegenüber nimmt sie kein Blatt vor den Mund, wenn es einmal zwischen ihnen kriselt. Als sie am 5. Februar 1856 ihrer Mutter von ihren Missionserfolgen in Leeds berichtet und dabei die „elektrisierende Wirkung" Williams auf die Menschen hervorhebt, nimmt William ihr die Feder aus der Hand und schiebt ein paar launige Sätze ein: „Ich muß schon sagen, ich staune über die wundersame Lobrede, hat sie mir doch am selben Abend eine ausgedehnte Gardinenpredigt über meine Starrköpfigkeit, Dummheit etc. gehalten, und nun schreibt sie *so*! Sie ist aber trotzdem für mich ein kostbarer, ein immer kostbarerer Schatz, wenn sie mir auch gelegentlich einmal gründlich den Kopf wäscht." Catherine fügt „zu ihrer Verteidigung" ebenso launig hinzu, es habe sich bei besagter Gardinenpredigt weder um Williams Erweckungspredigten noch um etwas anderes Wichtiges gehandelt.
Jetzt sind sie frei, aber was soll nun werden? Die Methodisten schieben noch eine weitere unfreundliche Entscheidung hinterher: Die Booths dürfen in keiner Kapelle des Neuen Methodistenbundes mehr evangelisieren. Wohin sollen sie jetzt gehen? Catherine entscheidet: nach London. Sie möchte in der Nähe ihrer geliebten Mutter sein, und sie möchte endlich einmal einen festen Wohnsitz haben. Schließlich haben sie inzwischen schon vier Kinder, denen man das ewige Hin- und Herreisen nicht länger zumuten kann; Catherine erwartet inzwischen ihr fünftes Kind. William bliebe lieber in der Provinz. Er hat

das Gefühl, er passe nicht so richtig in die Großstadt. Catherine setzt sich durch. Sie sind kaum in London, da lädt sie ein Pastor Shone nach Hayle in Cornwall (Südengland) ein. Sie sollen dort missionieren. Catherine begleitet ihren Mann nach Cornwall. Die Kinder bleiben zunächst bei der Mutter in London. Später holen sie sie nach St. Ives, wo sie am Strand spielen können. In St. Ives hält Catherine die erste Versammlung ausschließlich für Frauen. Nachdem sie 18 Monate erfolgreich in Cornwall missioniert haben, stellt sich erneut die Frage: Wohin jetzt? Und wieder sagt Catherine: nach London und in eine eigene Wohnung! Sie beziehen ein Haus im Stadtteil Walsall. Es muß noch viel renoviert werden. Catherine lädt die Handwerker ungeniert zur Morgenandacht in die Küche ein. Vor der Abendversammlung führt sie ihre und andere Kinder in die Botschaft Christi ein. Während Catherine in Walsall einrichtet und missioniert, hält William in Nottingham Erweckungs- und Bekehrungspredigten. Da dem „sogenannten Erweckungsprediger" die Kapellen der Methodisten verschlossen sind, predigt er im Freien, oder er mietet Konzert- und Theatersäle oder auch einen Zirkus an. Hierher kommt niemand, der „etwas auf sich hält". Hierher kommen Hilfsarbeiter, Arbeitslose, Prostituierte, Boxer, Freistilringer, Trinker, Spieler, Gammler, allesamt Leute, die in keine Kirche gehen und an denen keine Kirche interessiert ist. William Booth erkennt immer deutlicher, daß dies die Leute sind, um die er sich vor allem kümmern muß, weil sich so gut wie niemand um sie kümmert.
Dies bedeutet nicht, daß die Booths die Gutsituierten beiseite ließen. Zu ihnen hat vor allem Catherine leichten Zugang. Die Etablierten mögen die kluge, aparte kleine Frau. Sie redet ihnen ins Gewissen, sagt ihnen, daß auch ihre Seelen in Gefahr sind. Sie schont sie nicht, doch sie kommen immer wieder zu ihren Versammlungen, und sie spenden für die Missions- und Sozialarbeit der beiden. Zu einigen Gönnern, Samuel Morley, den Billups und Mr. Reed, hat Catherine Booth ein herzliches Verhältnis.

Das hält sie jedoch nicht davon ab, zweimal in der Woche Mitternachtsversammlungen für Prostituierte zu halten. Sie bezeichnet sich als „Mitsünderin" und bietet diesen Frauen in sogenannten Magdalenenstiften die Möglichkeit, aus ihrem Milieu herauszukommen.
Inzwischen ist William Booth wieder nach London zurückgekehrt. Ende Juni 1865 sieht man ihn häufiger in den Straßen des Londoner Ostens. Hier sind die ehemaligen Dörfer Hackney, Stratford, Bethnal Green, Stepney, Bow und Bromley in kurzer Zeit zu einem ausgedehnten Elendsviertel zusammengewachsen. Die Bewohner, auch viele Kinder, trösten sich in den zahlreichen Kneipen mit Alkohol. Eine innere Stimme sagt William Booth, dies sei sein Arbeitsgebiet. Er geht eines Abends nach Hause und teilt Catherine mit, endlich habe er seine Bestimmung gefunden. Im ersten Augenblick ist sie erschrocken. Sie haben sechs Kinder, das siebte ist unterwegs. Es fehlt an Geld. Wie sollen sie in diesem Armenviertel überleben? Doch dann sagt sie: „Wir haben dem Herrn bisher vertraut, und wir können weiter auf ihn bauen."
An einem Abend wird William Booth von ein paar Evangelisten angesprochen, die vor dem Gasthaus „Zum Blinden Bettler" eine Versammlung im Freien abhalten. Sie bitten ihn zu predigen. Die Wirkung ist so groß, daß sie ihn einladen, noch ein paar Tage in einem Zelt zu predigen. Am 2. Juli 1865, einem Sonntag, hält William Booth auf einem verlassenen Quäkerfriedhof in Whitechapel in einem Zelt jene Versammlung, die als die Geburtsstunde der Heilsarmee gilt, obwohl es zu der Zeit den Namen *Heilsarmee* noch gar nicht gibt. Nach der Versammlung kann William Booth ganze vier Bekehrte zählen. Er missioniert jedoch unverzagt weiter. Seine meist einstündigen Predigten sind unverblümt, direkt. Zwei Ausschnitte: „Schaut her, da treibt ein Mann den Fluß hinunter, und vor ihm donnern die Niagarafälle. Er treibt jetzt mitten im Strom, die Strömung reißt ihn mit, immer schneller geht die Fahrt und immer schneller — mein Gott, jetzt ist er über die Kante, jetzt ist er weg! Er hat

die ganze Zeit kein Ruder angerührt. Das ist die Art, auf die so viele Menschen in die Verdammnis treiben. Sie treiben weiter, haben keine Zeit, sie denken nicht nach und kümmern sich nicht die Bohne um ihr Heil — und so gehen sie verloren!" — Etwas tröstlicher ist die folgende Szene: „Ein Wrack treibt auf dem Meer. Die Schiffbrüchigen rufen um Hilfe. Der Grund: Sie sind von Gott abgefallen und in Sünden verstrickt. Da heißt es die Notflagge hissen, um den Retter Christus herbeizurufen." (Dabei springt William Booth auf einen Stuhl, zieht sein Taschentuch heraus und schwenkt es.) Dann zeigt er auf einzelne Menschen und ruft: „*Dich* will Gott, und *Dich*!" So fühlt sich der einzelne in das Drama von Sündigwerden und Erlösung hineinversetzt. Er ist kein x-beliebiges Blatt im Wind. Vor Gott zählt er.

Kritiker, auch aus den eigenen Reihen, werfen ihm marktschreierische Überrumpelungsmethoden vor. Er antwortet darauf, man könne diesen einfachen Leuten nicht mit theologischen Spitzfindigkeiten kommen, und er verweist nachdrücklich darauf, daß er die Bekehrten nicht kurzlebigen Stimmungen überläßt. Nach dem Bekehrungserlebnis nimmt Booth die einzelnen Bekehrten beiseite, notiert sich Namen und Adressen und kümmert sich weiterhin um sie.

Als die Zahl der Bekehrten wächst, können Catherine und er das nicht mehr allein schaffen. Sie brauchen Helfer, und sie finden sie unter den Bekehrten, von denen viele, weil sie selber gerettet worden sind, mithelfen wollen, andere zu retten. Ganz am Anfang haben sich Catherine und William Booth gedacht, die von ihnen Bekehrten sollten in die bestehenden Religionsgemeinschaften eintreten. Doch sie müssen feststellen, daß die weitaus meisten Bekehrten nicht in die etablierten Religionsgemeinschaften gehen und zumeist dort auch nicht erwünscht sind. Aber was soll nun mit den Bekehrten geschehen? Man müßte ihnen eine religiöse Heimat bieten, und so drängt sich Catherine und William Booth zwangsläufig die Vorstellung von einer eigenen religiösen Gemeinschaft der Bekehrten auf, die ihrerseits bekehren und sich um die Bekehrten kümmern. Diese lockere Organisation nennen sie zunächst *Ost-Londoner Christliche Erweckungsgesellschaft*. Als sie sich über ganz London und darüber hinaus ausbreitet, wird sie in *Christliche Mission* umbenannt. So heißt sie bis 1878.

Die Arbeit, vor allem in Ost-London, ist schwer. Atheisten, besonders aber Kneipenbesitzer und Zuhälter, die um ihre Einkünfte fürchten, machen den Booths und ihren Helfern zunehmend Schwierigkeiten. Als die ersten Flaschen und faulen Eier fliegen, geben etliche Bekehrte die Arbeit auf. Die etablierten religiösen Gemeinschaften kritisieren weiter den „rüden Bekehrungsstil". Dazu kommen häusliche Schwierigkeiten. Im Februar 1866 bekommt Catherine ein schweres Darmleiden. Sie kann wochenlang nicht das leiseste Geräusch vertragen. Sie ziehen in ein Haus gegenüber dem Victoria-Park um und nehmen zwei Untermieter, um etwas Geld hereinzubekommen. Catherine würde gern die Näh- und Flickarbeiten von anderen machen lassen, um mehr Zeit für ihre Missionsarbeit und ihre Kinder zu haben, doch dazu fehlt das Geld. Am 16. Februar 1869 trifft sie ein schwerer Schlag: Nach drei Monaten Krankheit ist ihre Mutter gestorben, zu der sie ein besonders enges Verhältnis gehabt hat. Zu allem Überfluß erkranken auch die Kinder Bramwell und Emma schwer.

Trotzdem missionieren sie weiter. Sie mieten Tanzlokale, predigen in Wollspeichern, in leeren Schuppen, und William Booth scheut sich auch nicht, im Effingham-Theater zu predigen, das einmal eine berüchtigte Vergnügungsstätte war. Immer noch muß er den Vorwurf hören, die Bekehrungen seien „zu schnell und oberflächlich". Dabei versammeln sich die Neubekehrten und die Helfer zweimal wöchentlich zu sogenannten Heiligungsversammlungen. Dabei festigen sie sich innerlich. Sie wollen nämlich keine Blitz-Bekehrer und keine bloßen Unglücks-Bekämpfer sein. Sie möchten die unwiderrufliche „totale Erlösung des Menschen".

Diese Erlösung vollzieht sich auf zwei Feldern: der Sozialarbeit und der Evangelisierung. Diese beiden Aktivitäten gehören zusammen. Da ist zunächst der soziale Bereich. Schon in seiner Jugendzeit in Nottingham hat William Booth erkannt, daß derjenige, der kalte Füße oder Zahnschmerzen hat, für einen Segen unempfänglich ist und bei der Rettung seiner Seele nicht aktiv mitmacht. Er erinnert an Christus, der den Menschen zuerst den Hunger oder die Schmerzen nahm und dann mit ihnen über ihr Seelenheil sprach („Suppe, Seife, Seelenheil"). Und darauf kommt es im wesentlichen an: die Seelen der Menschen zu retten. „Die Seele ist unsere erste Sorge!" sagt Catherine Booth immer wieder. Wenn man die soziale Lage eines Menschen gebessert hat, bleibt immer noch die Frage nach dem Zustand seiner Seele. Deshalb ist die Seele stets „die erste Sorge".

Dementsprechend sind diese Heiligungsversammlungen auch keine Lagebesprechungen und keine Strategiedebatten, sondern hier machen sich die Bekehrten immer wieder klar, daß alle Erlösung nicht allein das Ergebnis menschlicher Anstrengung, sondern vor allem die Frucht des „teuren Blutes Christi" ist, wie Catherine Booth dies formuliert.

Das Missionswerk wächst: Im Januar 1869 zählt man in Groß-London 13 „Predigtstationen", die mit wöchentlich 140 Veranstaltungen etwa 14000 Menschen erfassen. 1878 gibt es in ganz England 50 Zentren und 88 Evangelisten. Das wachsende Werk muß Klammern haben, damit es nicht in viele verschiedene Aktionszentren zerfällt. Dieser Verklammerung und Straffung dient unter anderem ein Blatt, der „Ost-Londoner Evangelist", das 1870 in „Christliches Missionsblatt" und 1879 in „Der Kriegsruf" umbenannt wird. 1870 erscheinen die ersten Satzungen der „Christlichen Mission", an deren Formulierung Catherine Booth wesentlich beteiligt ist. Genau wie ihr Mann will sie ein geregeltes Wachstum, kein unkontrolliertes Wuchern. Schon 1868 legt Booth einen von einer Bücherrevisionsfirma geprüften Finanzbericht vor. 1870

erfolgt der Ankauf einer Markthalle in Whitechapel. Spenden ermöglichen den Umbau. So entsteht u. a. ein 2000 Personen fassender Versammlungssaal. In zehn kleineren Räumen wird Sozialarbeit geleistet und verwaltet. Um 1875 ist die Zahl der Missionsstationen so groß geworden, daß William Booth sie nicht mehr regelmäßig besuchen kann. George Railton, ein Feuerkopf, dessen Mutter ihr letztes Bettzeug an Arme verteilt hat, wird sein Sekretär. Auch Sohn Bramwell wird in Verwaltungsaufgaben eingeführt. Als Superintendent der „Christlichen Mission" behält sich William Booth alle wichtigen Entscheidungen selber vor.
Diese Aufbaujahre sind für Catherine und William Booth Jahre der Freude, aber auch der Leiden. Sie sehen, wie die Kinder heranwachsen und sich in der Missionsarbeit engagieren, sobald sie dazu in der Lage sind: Sie sprechen bei Kinderversammlungen und ermahnen die anderen Kleinen, nicht zu stehlen, nicht zu fluchen, nicht zu rauchen und keinen Alkohol zu trinken, immer die Wahrheit zu sagen, morgens und abends zu beten und zu Tieren immer gut zu sein. William Booth spielt mit seinen Kindern, tollt mit ihnen herum, baut mit ihnen Kaninchenställe und hilft ihnen beim Briefmarkensammeln. Am liebsten aber geht er mit Catherine spazieren. Wenn es das Wetter zuläßt, setzen sie sich unter einen Baum. Catherine legt dann ihren Kopf an sein Knie und lauscht, während er eine Stelle aus der Bibel vorliest. Oder William setzt sich ungeniert auf den Küchentisch und erzählt ihr das Neueste vom Tage, während Catherine einen Kuchenteig knetet oder Gemüse putzt.
Dazwischen kommen dann wieder schlimme Zeiten. Anfang 1875 bekommt Catherine bereits zum zweiten Mal schwere Herzkrämpfe. Wochenlang befürchtet man das Schlimmste. Sie hält nach wie vor viel von Naturheilkunde und kuriert sich auch dieses Mal mit einem Wasserheilverfahren. Bei einer Fahrt in einem Ponywägelchen kommt es wenig später zu einem Unfall. William bricht sich dabei ein Bein, und auch Sehnen sind gerissen.

Dann wird Catherine von Rheuma geplagt, vor allem in der rechten Hand. Sie kann kaum noch schreiben. Ende 1876 liegt William Booth mit gastrischem Fieber im Bett. Catherine pflegt ihn und wird selber krank. Töchterchen Lucy bekommt die Pocken. Ihre Pflegerin stirbt, Lucy wird wieder gesund. Ihr hilft, daß sie genauso wie ihre Schwestern nicht verpäppelt worden ist. Im Gegensatz zu den weitaus meisten Eltern jener Zeit verwöhnen die Booths — bei aller gebotenen Fürsorge — ihre Töchter nicht, behandeln sie nicht wie Püppchen, und sie weisen ihnen keine „spezifisch weiblichen“ Rollen zu.

## Dramatische Momente mit Vorgeschichte

Es ist üblich geworden, bei Darstellungen des Lebens von Catherine und William Booth und der Heilsarmee einige Ereignisse nach 1877 so darzustellen, als seien sie plötzliche „Explosionen", hochdramatische Ereignisse mehr zufälliger Art, die einer leicht stagnierenden Bewegung ungeahnte Schubkraft gegeben hätten. Dramatisch sind sie, ja spektakulär, Stoff für sensationshungrige Journalisten und andere Autoren, aber unerwartet sind sie nicht. Sie ergeben sich ganz natürlich, wie eine reife Frucht, aus dem organischen Wachstumsprozeß des Boothschen Missionswerks und aus den Zeitumständen heraus. Was diese Ereignisse bewirkt haben, wäre, unter anderen Umständen, so und so gekommen. Als Beispiele dienen drei solcher „Zwischenfälle".

*Der neue Name*

An einem Maimorgen des Jahres 1878 lesen William Booth, sein Sohn Bramwell und sein Sekretär Railton die Druckfahnen des neuesten Rechenschaftsberichts durch. Darin heißt es: „Die Christliche Mission... ist eine Freiwilligenarmee." Booth streicht das Wort *Freiwilligen*- durch und schreibt dafür *Heils*armee. Er sagt: „Wir sind keine Freiwilligen, denn wir fühlen, daß wir das, was wir tun, tun *müssen*. Wir haben immer Dienst."
Indem William Booth das Beiwort „Freiwilligen-" durch „Heils-" ersetzt, erreicht er zweierlei. Zunächst einmal hatte der Ausdruck „Freiwilligen"-Armee zu der Zeit nicht den allerbesten Klang. Man dachte dabei automatisch an eine Hilfstruppe, die aus Bürgern gebildet wurde, eine Art „Feuerwehr" für Notfälle, und auch nachdem diese von Georg III. gebildete Hilfs-Polizei 1863 umorganisiert wurde, gelang es ihr nicht, die Ach-

tung zu erlangen, die Vollzeitsoldaten entgegengebracht wurde. William Booth will mit der Namensänderung deutlich machen, daß seine Soldaten ständig im Dienst sind und sich ungeteilt ihrer Arbeit widmen.

Indem er als Ziel seiner Soldaten Salvation, d. i. *Heil, Heilen, Heiligen*, bezeichnet, macht er deutlich, daß es ihnen nicht um Töten und Zerstören, sondern um Helfen, Retten, Aufbauen geht, und dies in Geist und Sinn der Botschaft Christi.

Der einprägsame, elektrisierende Name *Salvation Army*, d. i. *Heilsarmee*, ist bald in aller Munde. Der Superintendent Booth wird ihr General. Seine hauptamtlichen Evangelisten werden Offiziere (Kapitäne, Leutnants usw.), die nebenamtlichen Helfer sind ab jetzt Soldaten. Lagebesprechungen heißen jetzt Kriegsrat, neue Mitglieder unterschreiben die Kriegsartikel, die Predigtstationen werden Korps, wenn jemand stirbt, wird er zur Herrlichkeit befördert, und ab Dezember 1879 heißt das offizielle Organ der Heilsarmee *Der Kriegsruf*. Das ist die offizielle Kriegserklärung an den Teufel, an die Sünde, an das seelische und materielle Elend.

Drei Monate nach dem Kriegsrat von 1878 schreibt Catherine Booth, nun müßten auch Uniformen her. Sie gehörten zur „militärischen" Taktik. Die ersten Uniformen sind bunt zusammengewürfelt. Ab März 1880 tragen die Männer dann einheitliche blaue Uniformen. Für die Frauen entwirft Catherine Booth, die eine ideenreiche Schneiderin ist, ein ebenso praktisches wie kleidsames blaues Kostüm. Als Kopfbedeckung wählt sie einen Hut, der „billig, stark und groß genug ist, um die Trägerin vor Kälte, Ziegelbrocken und anderen Wurfgeschossen zu schützen". Ende September 1878 näht sie die erste Fahne. Sie ist rot, blau und gelb. Rot symbolisiert das Blut Christi, Blau die Reinheit Gottes und Gelb (in der Mitte) das Feuer und die Kraft des Heiligen Geistes. Ursprünglich war in der Mitte die Sonne, doch da man die Parsen Indiens, für die die Sonne heilig ist, nicht provozieren wollte, ersetzte man die Sonne durch einen Stern. Man hat auch die Uniformen, wo dies, wie beispielsweise in Indien, sinnvoll war, den Landessitten angepaßt, aber immer darauf geachtet, daß die Heilssoldaten für jedermann erkennbar bleiben.

In den Dienstvorschriften für die neue Armee, an deren Ausarbeitung Catherine Booth entscheidend beteiligt ist, sind Frauen und Männer ausdrücklich gleichgestellt. Wörter wie *Mann*, *er*, *sein* bedeuten immer eine Person beiderlei Geschlechts, es sei denn, dies führe zu Mißverständnissen. (Wenn also im folgenden von Heilssoldaten — auch Salutisten genannt — die Rede ist, dann sind damit Männer oder Frauen gemeint.)

Die quasi-militärische Ausrichtung der Boothschen Missions- und Erweckungsbewegung ist, wie schon gesagt, nicht eine aus einem plötzlichen Gedankenblitz heraus geborene Wende oder Weichenstellung. Von Anfang an ist alles, wenn auch nicht augenscheinlich, darauf hinausgelaufen.

William Booth erlebte als Kind, daß undisziplinierte Massen gegen disziplinierte Truppen nichts ausrichten können. Im Pfandhaus hat er gelernt, daß nur korrekte Buchführung und überlegte Unternehmensführung zum Erfolg führen. Für ihn wie auch für Catherine gilt ähnliches für die Missionierungsarbeit. Vor allem Catherine weiß aus der Kirchengeschichte, daß religiöse Bewegungen, die sich allein auf (gutgemeinte) Begeisterung und unzusammenhängenden Aktionismus verlassen, ebenso schnell verschwinden, wie sie entstanden sind. Ihrer Bewegung soll nicht dasselbe passieren. Catherines rigoroser Ordnungssinn in allen Lebensbereichen, bis in ihr Gebets- und Seelenleben hinein, läßt sie für ihr gemeinsames Missions- und Erweckungswerk wie auch für ihre Sozialarbeit nach einem Rahmen, einer Form suchen, die Dauerhaftigkeit und Effektivität verspricht, ohne starr und menschenfeindlich zu sein. In einem Vortrag entwikkelt sie das Bild von der Maschine. Sie sagt, das Missionswerk, so wie ihr Mann und sie es konzipiert und vorangetrieben hätten, „verwandle Gefühle in praktische Tätigkeit". Dann braucht sie das Bild des Kaufmanns, der nüchtern denkt und vorausschauend plant. Sie will, so sagt sie, keine freischwebende Gefühlsseligkeit und keine kurzatmige Improvisation.

Doch das Bild von der Maschine oder dem Geschäftsmann weckt bei den Zeitgenossen keine angenehmen Gefühle. Viele Kaufleute und Fabrikanten sind Menschenschinder, und die Maschine zerstört Arbeitsplätze, althergebrachte Lebensformen und auch die Natur. Da sind Wörter wie *Armee* und *Soldat* bedeutend weniger belastet. Damals ist man aus einer Reihe von Gründen dem Kriegswesen gegenüber nicht so kritisch eingestellt wie heute, und wenn William Booth in seinem Buch *In Darkest England* den englischen Soldaten („Tommy Atkins") mehrfach lobend hervorhebt, darf er auf die Zustimmung seiner Zeitgenossen rechnen. Mithin kann er ruhig erklären: Die Heilsarmee hat sich für eine quasimilitärische Struktur entschieden, weil sie sich im Krieg mit Teufel, Sünde und sozialem Unrecht befindet. Also gebietet der gesunde Menschenverstand, daß die Heilsarmee nach dem Muster aufgebaut ist, das seit jeher nicht nur das wirksamste, sondern das einzig mögliche Muster für eine Armee gewesen ist. Bramwell Booth fügt hinzu, eine straff geführte Heilsarmee wirke auf die Zeitgenossen stärker als die kraftlosen, unverbindlichen Angebote der etablierten Religionsgemeinschaften.

Für Catherine und William Booth ist die militärische Strukturierung ausschließlich eine Frage der optimalen Organisation. Beide haben sie den Krieg mit Waffen gehaßt und ausdrücklich verurteilt. William hat ursprünglich nicht daran gedacht, eine Armee zu gründen, und er kann sich ganz am Anfang nur sehr schwer an seinen neuen Titel, *General*, gewöhnen. In diese Richtung wird er von Mitarbeitern gewiesen. George Railton hat ihn schon vor Mai 1878 häufiger mit „Mein lieber General" angesprochen. Ein anderer energiegeladener Mitstreiter, der ehemalige Schornsteinfeger und Evangelist Elijah Cadman, ein sehr kleinwüchsiger Mann, der es „den anderen zeigen will", hat bereits 1877 in Whitby „das Feuer eröffnet" und ein Plakat mit „Captain Cadman" unterschrieben. Auf einem Plakat, das einen Besuch von William Booth ankündigt, bezeichnet er diesen schon als „General", ohne sich der Zustimmung Booths gewiß zu sein. Auf einem anderen Plakat lädt Cadman zu einer Versammlung mit folgenden Worten ein: „Blut und Feuer: Der Große Gerichtstag oder das Jüngste Gericht." *Blut* (Christus) *und Feuer* (Heiliger Geist) steht auch auf dem Emblem der Heilsarmee, das oben eine Krone zeigt, die Gott all den Soldaten aufsetzen wird, die durchhalten, und darunter ein Kreuz mit gekreuzten Schwertern: gleichsam eine „heilige Explosion".

Darüber hinaus steht die Vorstellung von einer Armee und dem einzelnen Soldaten zur Rettung von Seelen in einem größeren historischen Zusammenhang. Im ersten Brief an die Thessalonicher (5,8) schreibt der Apostel Paulus: „Wir aber, die wir dem Tag gehören, wollen nüchtern sein, angetan mit dem Panzer des Glaubens und der Liebe und mit dem Helm der Hoffnung des Heils." Nach der *Offenbarung* (20,7ff) wird es am Ende zu einem gewaltigen Entscheidungskampf kommen. Ignatius von Loyola, ursprünglich Soldat, organisierte die Jesuiten wie eine quasi-militärische Truppe mit einem Ordensgeneral an der Spitze, John Bunyan (1628—1688), eine der großen Figuren des englischen Non-Konformismus, in dessen Tradition auch John Wesley und die Booths stehen, hat neben seinem Hauptwerk *Pilgrim's Progress*, d. i. der Weg des Pilgers (1678—1684), auch ein Buch mit dem Titel *The Holy War*, d. i. der heilige Krieg (1682), geschrieben. Hier geht es um die Rettung und Heiligung nicht nur eines einzelnen Menschen, sondern einer ganzen Stadt. Unabhängig von einzelnen Werken ist die Vorstellung des *Miles Christianus*, des christlichen Soldaten, der nach einem Pauluswort „den guten Kampf" kämpft, im traditionellen Christentum weit verbreitet.

*Salvation Army*, *Heilsarmee* — ist eine originelle Wortschöpfung. Ihr zweites Markenzeichen bekommt sie ebenfalls noch 1878.

Im Frühjahr 1878 ziehen Heilssoldaten lautstark durch die Straßen von Salisbury. Etliche Bürger dieser Stadt bezeichnen das als unverschämte Ruhestörung. Als die Heilssoldaten weiter ihre Lieder singen und ihre Erwekkungsreden halten, gehen einzelne Bürger gegen sie vor. Versammlungen werden mit Gewalt gesprengt. Es fliegen Steine und Flaschen, und Rowdys, die es überall gibt, tun das ihrige.

Eine ortsansässige Familie, die Frys, finden es abscheulich, wie man mit den Heilssoldaten umgeht. Fry, ein Bauunternehmer, hat drei große, starke Söhne: Fred, Ernest und Bert. Sie bieten sich an, die Heilssoldaten zu beschützen, denn sie sind nicht nur für Fairneß Mitmenschen gegenüber, sondern auch entschlossene Christen. Nun spielen die vier Männer zufällig alle Blasinstrumente. Sie sagen sich: Wir könnten während der Versammlungen der Heilssoldaten Musik machen. Das hätte drei Vorteile: Leute werden herbeigelockt, lästerliche Reden von Störenfrieden werden übertönt, und mit Musikbegleitung singt es sich allemal besser.

Der Erfolg gibt ihnen recht. William Booth hört davon und überlegt, ob Musikkapellen nicht fester Bestandteil der Arbeit der Heilsarmee werden sollten. Schließlich hat er zusammen mit Will Sansom schon in Nottingham gesungen, wenn sie an Straßenecken standen und Leute auf sich aufmerksam machen wollten. Warum also keine Musikkapellen? Er lädt die Frys ein, bei mehreren Versammlungen außerhalb von Salisbury zu blasen. Die Wirkung ist groß. Charles Fry verkauft sein Baugeschäft und steht fortan mit seinen drei Söhnen der Heilsarmee ganz zur Verfügung. In Consett bildet sich eine Musikkapelle aus Heilssoldaten, Weihnachten 1879 hört man sie in den Straßen Weihnachtslieder spielen.

William Booth fordert im *Kriegsruf* seine Heilssoldaten auf, alle Instrumente, denen man Töne entlocken kann, hervorzuholen und Musik zu machen zur Freude Gottes und der Menschen. Wenig später bittet er alle seine Bekannten und Freunde darum, ungenutzte Musikinstrumente ins Hauptquartier zu schicken, das in der Londoner Victoria Street steht.

Der Aufruf wird befolgt. Nun sind aber nicht alle Heilssoldaten ausgesprochen musikalisch. Nicht wenige von ihnen musizierten mehr schlecht als recht, aber alle spielen offensichtlich mit Begeisterung, und deshalb verzeiht man ihnen die wenigen oder vielen falschen Töne.

Es stellt sich übrigens heraus, daß William Booths Bitte, alle möglichen Instrumente hervorzuholen und zu spielen, nicht ganz an der Praxis orientiert ist: Ein Cello, eine Geige oder ein Rohrblasinstrument sind beispielsweise für Umzüge weniger geeignet, und diese Instrumente sind auch zu leise. So beschränkt man sich in der Folgezeit im wesentlichen auf Blechinstrumente und Trommeln. Bald ist es selbstverständlich, daß jedes Korps eine Kapelle auf die Beine stellt. Noch heute sind diese Musikkapellen das vielleicht markanteste Erkennungszeichen der Heilsarmee.

Die ersten Kapellen der Heilsarmee standen vor der Frage: Was spielen wir? Fred, der älteste Sohn von Charles Fry, und Herbert, der dritte Sohn William Booths, machten sich daran, neue Texte auf alte und beliebte Melodien zu schreiben. Die Melodie der Marseillaise hatten die meisten Leute im Ohr, und sie gewöhnten sich schnell daran, dazu die Worte: „Ihr Söhne Gottes, wachet auf zur Glorie!" zu singen. So wurden vielen bekannten Melodien neue Texte unterlegt. William Booth schrieb beispielsweise zu der Melodie von „Die Campbells kommen" sein „Heils-Solo": „Die Armee kommt — Amen, Amen! Um diese Stadt für Jesus zu erobern — Amen..."

Natürlich gibt es auch diesmal wieder Proteste. Kapitän Marianne Faulconbridge (20) äußert William Booth gegenüber, Blasmusik erinnere sie an Werkstätten und Fabriken. „Warum nicht?“ sagt William Booth und schickt sie im April 1887 nach Salisbury, wo die vier Frys mit so viel Erfolg für Gott und die Heilssoldaten blasen. Marianne Faulconbridge ist bald davon überzeugt, daß diese Kapellen ein Geschenk des Himmels sind.

Gutsituierte Bürger rümpfen die Nase und sagen, die Heilssoldaten begäben sich mit solch einer Musik auf „das Niveau der ungebildeten Masse“. Genau diese Masse will die Heilsarmee ansprechen, deshalb muß sie Mittel benutzen, die auf diese Masse wirken. So begleitet ein bekehrter Artist Erweckungspredigten mit seinen Kunststücken. Leutnant Theodore Kitching reitet auf einem rotdrapierten Esel durch Scarborough, und wenn er den *Kriegsruf* verkauft, läutet er ein Glöckchen. Andere Heilssoldaten tragen knallrote Pullover mit Aufschriften wie *Der Teufel ist ein Lügner* oder Nachthemden über ihren Uniformen. Bramwell Booth, von Natur aus eher scheu, zieht mit einer Pantomime — er „predigt“ seinem Hut — viele Menschen an, und wer sich unter dem Apostelwort „Tod, wo ist dein Stachel? Tod, wo ist dein Sieg?“ so recht nichts vorstellen kann, dem führt Bramwell diese Freudenbotschaft anschaulich vor Augen: Er läßt sich in einem Sarg durch die Straßen tragen. Plötzlich entsteigt er ihm und ruft: „Tod, wo ist dein Sieg?“

Bekehrte Barmädchen, die wissen, wie man Leute anlockt und vertraulich macht, bringen manchen rasch zur Umkehr, denn gerade Boxer, Catcher, Taschendiebe, Sträflinge und Dirnen zeigen und bezeugen leibhaftig, daß man noch aus dem tiefsten Sumpf herauskann, wenn man seine Sünden bekennt und bereit ist, ein neues Leben anzufangen.

Auf die Frage, ob sie sich bei diesem „Zirkus“ nicht wie eine „Närrin“ vorkomme, antwortet Catherine Booth: „Ich will gern als Närrin dastehen, wenn ich damit Seelen retten kann.“ Auf diese Weise erreicht die Heilsarmee Menschen, zu denen die etablierten Kirchen und die sogenannten anständigen Bürger keinen Zugang haben.

GRIECHISCHES THEATER,
City Road

RETTUNG!
RETTUNG!!
RETTUNG!!!

Aufregendes jeden Abend im ALTEN GRIECHISCHEN

Rettung für

| | | |
|---|---|---|
| Straßenhändler | Nichtstuer | Polizisten |
| Droschkenkutscher | Feine Herrschaften | Piraten |
| Hungerleider | und Diebe | Politische Agitatoren |

Rettung für
ungewöhnlich arme Schlucker, allerseits respektierte Herrschaften und ungewöhnlich schwere Verbrecher.

Rettung für
DICH und MICH:

Die Große Kampagne, die einen Riesenfang gemacht hat, das heißt: mächtig viele Seelen erobert hat, wird am

Sonntag & Montag,
10. & 11. Januar 1886,
ihren absoluten Höhepunkt erreichen.

Montag, 8 Uhr morgens
MAJOR McKIE

hat mehr drauf als je zuvor. Höhepunkt der Schlacht im Parkett!

200 Krieger in Rot & Blau werden mit ihren Degen aufmarschieren. Kommen Sie, und schauen Sie sich das an! Kommen Sie um jeden Preis! Höhepunkt der Höhepunkte! Pelion auf Ossa. (Wissen Sie, was das ist? Informieren Sie sich im Alten Griechischen!) Und die Krönung von alledem: 2 Blechkapellen. Dazu Lieder aus Frauenkehlen. Tausende von Engeln stehen in Bereitschaft. Freudenschreie und Riesenklänge auf dem

Himmlischen Geläute.

Eintritt frei. Rettung gratis[5].

[5] Diese Übersetzung (vom Verf.) gibt nicht das originelle Layout und das Spiel mit gleichen Anfangsbuchstaben, auch nicht einen (beabsichtigten?) Fehler (U für you oder us?) und nicht die unterschiedlichen Drucktypen wieder.

So sind auch die Posters, mit denen die Heilssoldaten jener Tage zu ihren Veranstaltungen einluden, so lebendig, ja reißerisch wie Poster an Tanzsälen und Varietés, wie unser Beispiel zeigt.
Die Einführung von Musikkapellen kommt, genauso wie die Umbenennung der *Christlichen Mission* in *Heilsarmee*, nicht wie ein unerwartetes Geschenk. In Ost-London beobachtet William Booth, wie die Musik, die aus Tanzsälen und Zirkuszelten kommt, die Leute wie magisch anzieht. Nach der Heirat muß sich Catherine daran gewöhnen, daß ihr Mann häufig singt, nicht immer zu ihrer Freude. Er stellt Lieder für die Versammlungen zusammen und ist entzückt, daß Söhnchen Herbert, wenn schon nicht ein kleines Musikgenie, so doch ausgesprochen musikalisch ist. Von dieser Musikbegeisterung der Booths und vieler ihrer Zeitgenossen ist es nur noch ein kleiner Schritt zur Einbeziehung von Musikkapellen in die Missionierungs- und Erweckungsarbeit.

## *Der Fall Annie Swan*

Im Frühjahr 1885 sieht sich die Heilsarmee zu einer Auseinandersetzung gezwungen, die besonders hart sein wird und in einem Feld ausgetragen werden muß, das den Heilssoldaten in tiefstem Herzen zuwider ist.
Eines Morgens um 7 Uhr erscheint ein Mädchen vor dem Londoner Hauptquartier der Heilsarmee. Sie hat ein scharlachrotes Kleid an, wie es Prostituierte tragen. Unter den Arm hat sie ein Gesangbuch der Heilsarmee geklemmt. Sie verlangt den General zu sprechen. Bramwell Booth, in Vertretung seines Vaters, spricht mit ihr.
Sie heißt Annie Swan. Sie kommt aus einem Dorf in Sussex. Sie hat zu Hause eine Anzeige gelesen. Man sucht Hausangestellte. Auf diese Anzeige hin ist Annie nach London gekommen. Doch rasch merkt sie, daß man sie getäuscht hat. Man will sie zur Prostitution zwingen. Eines Nachts kommt ein Mann an ihre Tür. Annie

schließt die Zimmertür von innen ab. Ihr Blick fällt auf ein Gesangbuch der Heilsarmee. Darin steht die Adresse des Hauptquartiers in der Victoria Street. Sie läßt sich an einer Regenrinne herunter und fragt einen Polizisten nach einem Weg.

Natürlich wissen Brambell Booth und sein Vater, daß es vielen Mädchen so ergangen ist und immer noch so ergeht wie Annie Swan. In den vergangenen drei Jahren haben sie über 800 dieser Mädchen in ein Heim der Heilsarmee aufgenommen. Bramwell Booth fragt seinen Vater, ob man nicht mehr tun müsse. Aber das ist leichter gesagt als getan. Denn die Prostitution ist ein Feld, das für die Heilsarmee sehr gefährlich ist. Zu den Bordellbesuchern gehören nämlich viele einflußreiche Männer, darüber hinaus sagen viele Bürger und Bürgerinnen hinter vorgehaltener Hand, es sei nicht gut, den Sumpf der Prostitution auszutrocknen, denn es sei besser, wenn Ehemänner Liebesabenteuer bei Prostituierten und nicht bei den verheirateten Frauen ihrer Freunde und Bekannten suchten; auf diese Weise blieben die Ehen eher stabil. Deshalb hat das Parlament bisher nichts unternommen, um wenigstens das Mündigkeitsalter von Mädchen heraufzusetzen. Zu diesem Zeitpunkt kann jedes Mädchen, das mindestens 13 Jahre alt ist, in die Prostitution einwilligen. Wenn die Heilsarmee jetzt weitergehende Schritte unternimmt, begibt sie sich auf politisches Terrain. Man wird ihr politische Einmischung vorwerfen. Das ist risikoreiches Neuland.

Doch die Booths entschließen sich, den Kampf aufzunehmen. Bramwell meint, man müsse Bundesgenossen suchen und an die Öffentlichkeit gehen. Es gibt zu der Zeit keinen besseren Bundesgenossen als William T. Stead, den furchtlosen Herausgeber der *Pall Mall Gazette*. Bramwell Booth sucht ihn auf. William T. Stead will nicht glauben, was ihm Bramwell über den schmutzigen Mädchenhandel erzählt. Er will Gewißheit haben. Sie befragen drei oder vier Mädchen unter 16, die man ähnlich wie Annie Swan in die Prostitution hineingezogen hat. Die Mädchen erzählen nicht nur von sich, sondern auch von anderen Prostituierten, und Bramwell Booth und William T. Stead bekommen eine Ahnung von dem Umfang dieses weißen Sklavenhandels. Der Journalist will weitere Fakten sammeln, bevor er in einer Artikelserie diese skandalösen Zustände anprangern kann. Er findet bei diesen Recherchen heraus, daß es allein in London etwa 80000 Prostituierte gibt. Von den Fällen, die Stead und Helfer aus der Heilsarmee genauer untersuchen, sind etwa ein Drittel Mädchen, die jünger als 16 Jahre alt sind und in Bordellen ausgenutzt werden. Am begehrtesten sind „frische Mädchen", d. h. solche, die noch keinen Verkehr gehabt haben. Die meisten lockt man wie Annie Swan an. Die Mädchen glauben, sie würden im Haushalt beschäftigt, erkennen dann bald, was man wirklich mit ihnen vorhat, und versuchen zu fliehen. Um das zu verhindern, betäubt man sie mit Drogen, überläßt sie gutzahlenden männlichen Kunden und bricht langsam ihre Widerstandskraft, bis sie sich am Ende in alles fügen. Von London aus versorgt man auch Bordelle in Großstädten auf dem europäischen Kontinent, vor allem in Belgien, mit jungen Mädchen. Die Mädchen, die sich sträuben, betäubt man vor der Überfahrt nach Belgien und steckt sie in Kisten, in deren Wände man ein paar Luftlöcher gebohrt hat. Ist ein Mädchen über 13, gilt es als mündig, und die Behörden gehen davon aus, daß sie freiwillig Prostituierte geworden ist. Will ein Polizeibeamter nach jüngeren Mädchen suchen, braucht er einen besonderen Durchsuchungsbefehl, wenn er in ein Bordell hineinwill.

Im Verlauf ihrer sechswöchigen Erkundigungen bekommen William T. Stead und seine Mitarbeiter heraus, daß man nicht nur durch falsche Stellenangebote in den Zeitungen Mädchen für die organisierte Prostitution bekommen kann. Nicht wenige Eltern in den Elendsvierteln der großen Städte wissen nicht, wie sie ihre Kinder sattbekommen sollen. Wenn dann jemand kommt und sagt, er könne ihre jungen Töchter in einem Haushalt als Dienst-

mädchen unterbringen, sagen sich manche Eltern: Dann bekommt unser Kind endlich ordentlich zu essen, und in einer schmucken Dienstmädchenuniform sieht sie besser aus als in den Lumpen, in denen sie hier herumlaufen muß. Die Eltern bekommen für ein Mädchen zwischen drei und fünf Pfund (1 Pfund hatte damals etwa den Wert von 12 DM). Die Mädchen werden in der Regel so weit fortgebracht, daß sie mit ihren Eltern nicht in Verbindung treten können. So erfahren die meisten Eltern nicht, daß ihre Töchter in Bordellen landen.
William T. Stead will beweisen, daß man in London für höchstens 5 Pfund ein Mädchen kaufen kann. Rebekka Jarret, frühere Bordellbesitzerin, inzwischen bekehrt, besorgt ein 13jähriges Mädchen namens Eliza Armstrong. Die Behörden unternehmen nichts, was Stead gleichfalls beweisen will. Natürlich kommt die kleine Eliza nicht in ein Bordell, sondern die Heilsarmee nimmt sich ihrer an.
Am 6. Juli 1885 bringt William T. Stead den ersten Artikel heraus. Die Leute reißen sich um die Zeitungsexemplare. Einige bieten den dreißigfachen Preis, um ein Exemplar zu bekommen, und gelesene Exemplare werden weiterverkauft. Einige Zeitungsjungen werden wegen „öffentlicher Ruhestörung" festgenommen. Dabei haben sie nichts anderes getan als sich bemüht, mit dem Ansturm der Kunden so gut wie möglich fertig zu werden. George Bernhard Shaw, Theaterautor und Artikelschreiber (für die *Pall Mall Gazette*), verkauft persönlich einen großen Packen der heißbegehrten Nummer. Etliche Leute sagen, Stead wolle mit solchen Enthüllungen nur Pornographisches unter das Volk bringen und so die Auflagenhöhe steigern. Am 7. Juli 1885, dem Tag darauf, wird Stead vom Innenminister nahegelegt, keine weiteren Artikel mehr zu veröffentlichen. Stead denkt nicht daran beizugeben.
Als der dritte Artikel herauskommt, haben die Bordellbesitzer und die Mädchenhändler ihre Rowdy-Trupps organisiert. Sie erscheinen vor dem Verlagshaus und werfen

Steine in die Fenster. Am selben Tag hat es Bewegung im Parlament gegeben. Es liegt ein Antrag vor, das Mündigkeitsalter von Mädchen auf 16 Jahre hinaufzusetzen. Aber noch ist nichts entschieden. William T. Stead erkennt, daß noch größerer Druck nötig ist, um die Öffentlichkeit zu mobilisieren und das Parlament zu der notwendigen Gesetzesänderung zu bringen. Er wendet sich noch am selben Tag an William Booth. Dieser entscheidet sofort: Wir werden alles tun, um ihm zu helfen. Er fordert Stead auf, mit seiner Artikelserie fortzufahren. Jetzt sei es endlich an der Zeit, diese „abscheuliche Krankheit" gründlich zu untersuchen und ans Licht zu bringen.

Wie schon oft zuvor, übernimmt Catherine Booth die feineren Adressaten. Sie schreibt an Königin Victoria und an Premierminister Gladstone und bittet sie, ihren ganzen Einfluß geltend zu machen, damit das Mündigkeitsalter der Mädchen auf 16 Jahre heraufgesetzt wird. William Booth wendet sich an die breite Masse. Er hält in mehreren Städten Massenversammlungen ab und fordert die Gesetzesänderung. Überall im Land sammeln Heilssoldaten Unterschriften von Leuten, die gleichfalls über den Zustand der Nation empört sind und sofortige Abhilfe verlangen. In nur 17 Tagen unterschreiben 393 000 Menschen. Die Rolle mit den Unterschriften, die aufgerollt viele Meter lang ist, bringen Heilsarmeeoffiziere ins Parlamentsgebäude. Zwei Wochen später, Mitte August 1885, kommt eine fünfköpfige Untersuchungskommission des Parlaments nach gründlicher Prüfung zu dem Ergebnis, daß William T. Steads Angaben der Wirklichkeit entsprechen. Jetzt bleibt dem Parlament nichts anderes übrig, als der Gesetzesänderung schleunigst zuzustimmen. Zudem wird die Polizei ermächtigt, bei begründetem Verdacht ohne jede Formalität in Bordellen Razzien durchzuführen.

Natürlich sind die am Mädchenhandel interessierten Kreise wütend über William T. Stead und die Heilsarmee, und sie überlegen, wie sie ihnen schaden können. Man bekommt heraus, daß Stead die kleine Eliza Armstrong „gekauft“ hat, um seine Artikel schreiben zu können. Sie sagen, er habe vorsätzlich gegen genau das Gesetz verstoßen, das vor allem auf sein Betreiben hin geändert worden sei. Natürlich verschweigen sie, daß Stead das Mädchen nur zum Schein gekauft und sofort in die Obhut der Heilsarmee gegeben hat.

Es kommt zur Anklageerhebung. Rebekka Jarret, die Stead bei jenem „Mädchenkauf“ geholfen hat, William T. Stead und Bramwell Booth werden zwölf Tage lang verhört. Bramwell Booth wird freigesprochen, Rebekka Jarret und William T. Stead kommen ins Gefängnis. Nach seiner Entlassung — er hat drei Monate gesessen — stellt sich Stead den Fotografen: Er trägt stolz seine Gefängniskleidung mit der Sträflingsnummer 245. Er ist eine imponierende Erscheinung und sticht, ohne sich zu fürchten, noch in manches Wespennest, bis er bei der Jungfernfahrt der *Titanic* am 15. April 1912, zusammen mit 1516 Passagieren, im Nordatlantik ertrinkt. Bis zu seinem Ende bleibt er den Booths freundschaftlich verbunden.

Die Aufdeckung des Mädchenhandels und seiner Nutznießer, vor allem aber die dadurch erzwungene Gesetzesänderung ist für die Heilsarmee weit mehr als nur ein Achtungserfolg. Die kleinen Leute, die von dem Mädchenhandel am meisten betroffen sind, freuen sich, daß es noch Kräfte gibt, die sich für den Schutz der Schwächsten einsetzen. Vielen gefällt auch, daß die Heilsarmee sich zwar auf politisches Terrain gewagt, aber nicht mit bestimmten politischen Parteien paktiert hat. Etliche anständige reiche Leute schämen sich für die vielen Herren aus der feinsten Gesellschaft, die mit ahnungslosen Mädchen ihren Spaß haben wollen. Einer von diesen Anständigen übergibt sofort nach der Gesetzesänderung Catherine Booth einen Scheck über 2000 Pfund zur Rettung mißbrauchter und gefährdeter Mädchen. Bis 1900 richten die Booths in England 13 Häuser für solche Mädchen ein, 17 entstehen im Ausland. Heute unterhält die Heilsarmee weltweit über 125 solcher Heime.

Die Kampagne zur Beendigung des Mädchenhandels in England im Jahr 1885 hat den Heilssoldaten in anderen Ländern Mut gemacht, gegen ähnliche Mißstände vorzugehen. In Japan ist es damals üblich, daß Eltern ihre Töchter für eine bestimmte Zeit an Bordellbesitzer(innen) verkaufen. Etliche der Mädchenhändler sagen, der Unterhalt der Mädchen übersteige den Betrag, den sie einbrächten. So bekommen viele Eltern kein Geld für ihre Töchter, und die Mädchen dürfen nur mit Erlaubnis des Bordellbesitzers zu ihren Eltern zurückkehren. 1895 hat die Heilsarmee in Japan Fuß gefaßt. Die Heilssoldaten erkunden das berüchtigte Yoshawara-Viertel in Tokio und finden heraus, daß dort mindestens 5000 Mädchen zur Prostitution gezwungen werden. Am 1. August 1900 marschieren die Heilssoldaten mit Musik und wehender Fahne in das Viertel und verteilen eine Sonderausgabe des *Kriegsrufs*, in dem genau erklärt wird, wie die Mädchen aus den Bordellen herauskommen und bei der Heilsarmee Hilfe finden können. Natürlich rüsten die Bordellbesitzer(innen) zum Gegenangriff. Rowdys demolieren die Musikinstrumente und zerreißen die Fahne. Sie verletzen etliche Heilssoldaten schwer. Doch die Kampagne zeigt Wirkung. Im September 1900 nimmt die Zahl der Bordellbesucher um 2000 ab. Schon am 2. Oktober desselben Jahres wird ein Gesetz erlassen, das es Prostituierten erlaubt, im nächstgelegenen Polizeirevier zu Protokoll zu geben, daß sie in ein normales Leben zurückkehren möchten.

Auch diese Initiative der Heilsarmee kommt nicht überraschend. Längst schon haben sich Catherine und William Booth der Prostituierten und der gefährdeten Mädchen angenommen. Catherines Mitternachtsversammlungen für Prostituierte sind nur ein Beispiel.

# Die Jagd nach Arbeit

Ende 1887 entdecken Offiziere der Heilsarmee in der Hauptstadt der damals reichsten Industrienation einen besonders dunklen Punkt: die Obdachlosen, die in der Regel ohne Arbeit sind. Etliche übernachten auf dem Trafalgar Square, andere liegen oder sitzen auf Bänken am Themse-Ufer, soweit die Polizei sie dort überhaupt duldet. Bramwell Booth und andere wissen das, haben aber noch nichts unternommen, da sie mit anderen Problemgruppen vollauf beschäftigt sind.

An einem Winterabend desselben Jahres kommt William Booth von der Eröffnung einer neuen Niederlassung der Heilsarmee in Kent nach London zurück. Als er in seiner Kutsche über die London Bridge fährt, entdeckt er unter den Bögen und in den Nischen der Brücke dunkle Bündel, welche sich als arbeitslose Männer entpuppen, die sich notdürftig mit Lumpen und Zeitungen zugedeckt haben. Er veranlaßt sofort, daß sie in eine leerstehende Halle gebracht werden, die beheizt werden kann. Damit weist er der Heilsarmee eine Aufgabe zu, der sie sich in Zukunft mit sehr viel Einsatz widmen wird. Er weiß aus eigener Erfahrung, was Arbeitslosigkeit bedeutet.

Wie immer begnügt sich William Booth nicht mit dem berühmten Tropfen auf den heißen Stein, nicht mit spektakulären Einzelaktionen „von Fall zu Fall“. Er will das Problem als ganzes in den Griff bekommen. Dafür muß er zunächst einmal den ganzen Umfang dieses Obdachlosen-Elends kennen. Er bittet seine Mitarbeiter, Erkundigungen einzuziehen und einzelne Obdachlose zu befragen. Das Ergebnis ist erschreckend.

Auf dem nackten Boden liegen nicht nur Männer, sondern auch viele Frauen. So gut wie alle sagen: Gebt uns Arbeit, dann werden wir für eine erträgliche Unterkunft bezahlen! Ein alter Mann, der sehr intelligent zu sein scheint, sagt, er verdiene sich gelegentlich ein paar Pfennige mit Paketeschleppen, oder er passe auf Pferde auf. Nur seien solche Gelegenheiten selten, deshalb müsse er immer häufiger auf einer Bank im Freien übernachten. Er betont, die Obdachlosen, auch die Kinder, benähmen sich ordentlich. Aber, so fügt er hinzu, das liege wohl daran, daß sie zu erschöpft und kaputt seien, um sich zu streiten.

Ein junger Mann, der soeben seine Militärdienstzeit beendet hat, berichtet: „Wissen Sie, ich krieg' das nicht so hin wie die Londoner Burschen. Ich bin so schrecklich grün hinter den Ohren, und deshalb schaffe ich es nicht, einen Job zu ergattern. Seit zwei Wochen laufe ich mir Tag und Nacht die Hacken ab, um einen Job zu finden. Aber ich schaff' das einfach nicht. Noch hab' ich genügend Kraft, aber wie lange noch? Ich will ja nur einen Job. Jetzt laufe ich schon die dritte Nacht jede mögliche Arbeitsstelle ab. Das einzige, was ich verdient habe, ist ein Pence dafür, daß ich auf die Kästen von Schuhputzern aufgepaßt habe, während sie bei Lockharts etwas aßen, und zwei Pence dafür, daß ich ein Paket getragen habe" (*In Darkest England*, S. 26).

Viele dieser arbeitslosen Jugendlichen sehen keine andere Möglichkeit, als sich Jugendbanden anzuschließen, die von Diebstahl und Einbruch leben. Man findet sie vor allem in den Unterkünften im Whitechapel-Distrikt. Charles Dickens hat eine solche Jugendbande in *Oliver Twist* (1837—38) geschildert.

Es gibt kaum eine Nische in London, in der man keine Obdachlosen findet. In der Liverpool Street übernachten zwei Frauen in einem Ladeneingang. Sie können froh sein, wenn sie niemand von hier vertreibt, wie es einer Frau passiert, die in Bedfordbury nachts in einen Wagen kriecht. Einige Männer beobachten das und schütten ihr einen Eimer kalten Wassers über den Kopf. Kurz danach stirbt sie.

Die Befragungen zeigen auch, daß das Heer dieser Arbeitslosen in dem Maß wächst, in dem die fortschreitende Mechanisierung der Fertigungsprozesse Arbeiter erfor-

dert, die mitdenken können und geschickt sind. Viele sind das nicht. So trifft ein Mitarbeiter von William Booth einen Arbeitslosen, der kurze Zeit bei einem Klempner gearbeitet hat. Er ist wie viele dieser Hilfsarbeiter nicht intelligent und nicht beweglich. Sie sind wie „verrostete Automaten, langsam, dumpf und unfähig". Sie könnten vielleicht ein wenig verdienen, wenn sie gröbste Arbeiten verrichteten. Aber dazu fehlt ihnen meist die Energie. Immer mehr dieser Menschen versinken im „Treibsand des modernen Lebens". Die Zahl der Arbeitslosen und Obdachsuchenden wächst genau zu einer Zeit, in der die Industrieproduktion in Großbritannien Rekordergebnisse erzielt (*In Darkest England*, S. 30).
Die Alten trifft es besonders hart, wie beispielsweise den 67jährigen Mann, der sich mit ein bißchen Humor über seine hoffnungslose Lage hinwegtäuschen möchte: „Er sagt, er sei nicht gerade glücklich über seine Lage, aber schließlich müsse er sich damit abfinden. Ha, ha! Er ist Schieferdecker von Beruf und seit einiger Zeit arbeitslos; natürlich stellt man lieber jüngere Leute ein. Gelegentlich geht er einem Maurer zur Hand; er nimmt jede Arbeit an, läuft sich die Füße wund, kriegt aber keinen Job. Hat letzte Woche ein paar Pence verdient, hat auf Pferde aufgepaßt. Er findet das Ganze natürlich schlimm, hat sich das früher sehr zu Herzen genommen. Aber das bringt nichts. Er hat sich inzwischen damit abgefunden. Heute konnte er sich ein Butterbrot und eine Tasse Kaffee leisten. Gesundheitlich geht es ihm sehr schlecht. Er hat die Hälfte seines früheren Gewichts verloren. Das liegt daran, daß er kein Dach über dem Kopf und nicht genug zu essen hat. Letzte Nacht ist er bis auf die Haut naß geworden. Deshalb ist er steif am ganzen Leib. Schon seit 3 Uhr morgens ist er auf den Beinen. Ihm war so kalt, und er fühlte sich so schwach, daß er nicht mehr wußte, was tun. Schließlich ging er zum Hyde Park. Sobald das Tor geöffnet wurde, sicherte er sich einen trockenen Platz auf einer Parkbank und schlief ein bißchen" (*In Darkest England*, S. 29).

An diesen Kurzberichten — weitere in *In Darkest England* sind sehr ähnlich — fällt auf, mit welcher Sympathie die Offiziere bevorzugt Arbeitswilligen zuhören. *Arbeit* ist ein Schlüsselbegriff des Victorianischen England, und William Booth und die Heilsarmee stimmen, bewußt oder unbewußt, in diesem Punkt mit der Meinung der überwältigenden Mehrheit der Bevölkerung überein.

*Wanderprediger von der Art des jungen William Booth trugen zu einer Wiederbelebung des Puritanismus bei. Die Puritaner traten im 16. und 17. Jahrhundert als eine religiöse Bewegung hervor, die, wie das Wort purus (lateinisch) = rein zeigt, den Gottesdienst und die Lebenspraxis von allen Zeremonien und Schnörkeln befreien wollte. Dadurch gerieten sie zu den etablierten Kirchen in Gegensatz. Die meisten Puritaner wanderten nach Nordamerika aus. Sie arbeiteten hart und ausdauernd und hatten nichts für Vergnügungen übrig. Sie neigten dem Calvinismus zu. Der Reformer Calvin, ein Zeitgenosse Luthers, predigte, jeder Mensch sei von Anfang an für den Himmel oder die Hölle bestimmt, man könne sich durch keine noch so gut gemeinte Anstrengung, auch nicht durch gute Werke, bei Gott „einkaufen“. Wenn der Mensch von sich aus also so gut wie nichts zu seiner Erlösung tun kann, warum arbeiteten die Puritaner dann so hart?*
*Erich Fromm hat für dieses Paradox eine psychologische Erklärung gegeben: Durch harte Arbeit wollten die Calvinisten das Gefühl ihrer Ohnmacht überwinden oder doch betäuben*[6].
*Genau wie die calvinistisch orientierten Puritaner betonten die Victorianer die Notwendigkeit der Arbeit und des Ernstes (earnestness): Arbeitswille und Energie machen den Charakter aus. Dies gilt auch für Victorianer, die unter dem Eindruck der sich rasch entwickelnden Naturwissenschaften und der sie begleitenden nicht-religiösen Philosophien an einem Weiterleben nach dem Tod zweifeln:*

[6] Erich Fromm, *Escape from Freedom*, New York 1941, S. 90—93.

*Wenn es jenseits des Erdenlebens kein Ziel gibt, dann kann die Arbeit hier und jetzt so etwas wie ein Ziel sein und dem Leben einen Sinn geben.*
*Es ist nur natürlich, daß dieses Evangelium der Arbeit auch von den Arbeitgebern begrüßt wurde: Es erhöhte die Produktion und zugleich die Kaufkraft, die wiederum eine höhere Produktion zur Folge hatte.*

Wenn die Arbeit im Victorianischen England einen so hohen Stellenwert hat, was aber dann tun, wenn es nicht genügend Arbeit gibt? William Booth antwortet: Dann muß man Arbeitsplätze schaffen. Er versucht, Arbeitsuchende auf noch freie Arbeitsstellen hinzuweisen. 1888 eröffnet die Heilsarmee in London ein Arbeitsvermittlungsbüro, 23 Jahre bevor die britische Regierung ein Arbeitsamt einrichtet. Bis 1895 kann die Heilsarmee etwa 69000 Arbeitsplätze vermitteln.
Wie kann man neue Arbeitsplätze schaffen? William Booth entwickelt in seinem großen Sozialplan (den er *the scheme*, d.i. Programm, Plan, oder auch *concern*, d.i. eine Sache, die uns angeht, nennt) Vorstellungen, die seiner Zeit weit vorausgreifen und zeigen, wie gründlich er über die Konsequenzen einer Industrie- und Konsumgesellschaft nachgedacht hat. Etliches von dem, was er 1890 vorgeschlagen hat, wird heute als unumgänglich angesehen und teilweise praktiziert. Dies gilt vor allem für die erste der von ihm vorgeschlagenen Arbeitsbeschaffungsmaßnahmen, die Aufstellung einer Brigade, die den Abfall der Stadtbewohner einsammelt und diesen soweit wie möglich einer Wiederverwendung (heute: recycling) zuführt. Viele Arbeitslose könnten hier eine Dauerstellung finden, die Städte würden nicht im Müll ersticken, und wertvolles Material würde nicht ungenutzt verrotten. Die Hausbewohner sollen nicht verzehrte Lebensmittel in spezielle Behälter legen und Papier und Lumpen in spezielle Säcke stecken, die regelmäßig geleert werden. Wirft man dagegen Lebensmittel, Zeitungen, leere Flaschen, Dosen und Kanister wahllos durcheinander in den Müll-

eimer und läßt diesen länger stehen, fängt es an zu stinken, und Krankheitserreger finden in diesen überquellenden Eimern einen idealen Nährboden. Einen Großteil der nicht verzehrten Lebensmittel könnte man dazu verwenden, Hungernde zu speisen. Aus noch brauchbaren Teilen fortgeworfener Schuhe könnte man neue Schuhe machen. Etliche Leute könnten damit beschäftigt werden, leere Flaschen einzusammeln, sie zu spülen und einer Wiederverwendung zuzuführen. Aus leeren Blechdosen ließe sich nach dem Vorbild der einfallsreichen Pariser Bevölkerung einfaches, billiges Spielzeug für Kinder machen. Fortgeworfene Bücher, Zeitschriften und Zeitungen sollte man zuerst denen zu lesen geben, die keine Druckerzeugnisse kaufen können, danach könnte man aus ihnen neues Papier machen. Die regelmäßige Abholung des Abfalls wiederverwendbarer Materialien hätte noch einen anderen Vorteil: Die damit betrauten Männer könnten, da sie ja so gut wie täglich in jedes Haus kommen, auch billig und schnell Pakete und Zeitungen zustellen und außerdem einen Schnell-Service organisieren: Braucht jemand einen Klempner oder einen Fensterputzer, so kann der „Diener aller Bürger" rasch und ohne große Mühe einen Klempner oder Fensterputzer benachrichtigen. Die Anschaffung eines Behälters für Lebensmittel und eines Sackes für Lumpen, Papier usw. würde pro Haushalt weniger als einen Schilling ausmachen.
Dieses weitsichtige Projekt ist nicht verwirklicht worden. Man rechnet Booth vor, daß die Wiederverwendung von Material die Nachfrage nach neuen Gütern und somit auch Arbeitsplätze vermindern würde. Er antwortet darauf, das erinnere ihn an einen Lotsen, der während einer Flaute im Schiffsbau gesagt habe, es müßten etliche Ozeandampfer in Seestürmen untergehen, damit sich die Auftragsbücher der Werften wieder füllten. „Dies ist jedoch nicht die richtige Art der Arbeitsbeschaffung", sagt Booth, „vielmehr belebt Sparsamkeit den Handel, weil man das gesparte Geld für andere Industrieprodukte ausgeben kann" (*In Darkest England*, S. 120).

Neue Arbeitsplätze sieht Booth auch auf dem Land. Seine Offiziere haben herausgefunden, daß etwa 60 % der Arbeitslosen in London vom Land kommen. Vor allem das Land zu beiden Seiten der neuen Eisenbahnstrecken würde bei vernünftiger Düngung und intensiver Bearbeitung viel Gemüse und Obst hergeben. Abnehmer wäre für die erste Zeit die Heilsarmee. Vor allem körperlich und geistig Behinderte könnten hier ein Betätigungsfeld finden: Kaninchen halten, Geflügel versorgen oder sich um Bienen kümmern. Agrarfachleute würden neue Methoden des Ackerbaus und der Viehzucht entwickeln und Leute ausbilden, die ihre Kenntnisse in Übersee anwenden und weitervermitteln könnten. William Booth hat vorsorglich seine Offiziere in aller Welt aufgefordert, ihm jede sinnvolle technische oder andere Neuerung unverzüglich mitzuteilen. So wäre man immer auf dem jeweils letzten Stand.
In diesen ländlichen Kolonien soll ein reges Gemeindeleben entstehen. Booth denkt an Leseräume und an Säle, in denen man sich an langen Winterabenden sinnvoll die Zeit vertreiben kann. Glücksspiel, lose Reden und „unmoralische Neigungen" werden aber nicht geduldet. Der Gottesdienstbesuch ist freigestellt.
Vorbilder für diese ländlichen Kooperativen sind das Experiment von Ralahine in Irland (*In Darkest England*, S. 142 und Anhang) und Feargus O'Connors schon genannte Musterkolonie O'Connorville. William Booth errichtet die Landkolonie Hadleigh in Essex, die noch heute Menschen in Ackerbau, Viehzucht und Milchwirtschaft ausbildet, von denen die meisten dann in Entwicklungsländer gehen, um dort ihr Wissen weiterzugeben. Im übrigen erwiesen sich Projekte dieser Art jedoch als wenig attraktiv für die Menschen jener Zeit. Obwohl die wuchernden Industriestädte vor allem auf Neulinge wie Monster wirkten, zogen sie doch viele Menschen aus den als öde und langweilig empfundenen Dörfern an. Der zunehmende Eisenbahnverkehr erhöhte die Mobilität, und die Züge, Symbol des neuen Lebensgefühls, verhießen

eine bunte, abwechslungsreiche Welt jenseits der stillen Dörfer. — Booth organisiert auch die Ansiedlung englischer Arbeitsuchender in Übersee. Im Mai 1905 läuft das erste Schiff der Heilsarmee mit 1000 Auswanderern an Bord nach Kanada aus. Man wirft Booth vor, auf diese Weise vermindere er den Druck auf ausbeuterische Arbeitgeber. Booth sieht das Argument, hält es aber für Zynismus, einzelne, notleidende Menschen als Manövriermasse im Klassenkampf zu benutzen und damit zu trösten, daß künftige Generationen die Früchte ihres Kampfes und Verzichtens ernten werden. Er will ihnen *sofort* helfen, in familienähnlichen Gemeinschaften in Übersee ein menschenwürdiges neues Leben zu beginnen.

Etwas zu essen und ein Platz zum Schlafen: Das ist das mindeste. Dies bekommen die Bedürftigen in den *Billigessen-Depots*, die William Booth ab 1888 in London einrichten läßt. Jedes Depot hat eine Abteilung fürs Essen, eine andere fürs Schlafen. Das Essen ist sehr billig. So kostet beispielsweise eine Schüssel Suppe ½ Pence, mit Brot 1 Pence. Für eine Fleischpastete mit Kartoffeln zahlt man 3 Pence. Kinder zahlen die Hälfte. Die Speisekarte ist nicht üppig, aber man kann zwischen 8 bis 10 Gerichten wählen. Die Einnahmen decken in etwa die Unkosten. Für nur 4 Pence kann man im Depot auch übernachten. In diesem Preis sind eine Kanne Kaffee, Tee oder Kakao, Waschgelegenheit, Seife, Handtücher und ein Schlafplatz in einem geheizten Schlafraum inbegriffen. Wer will, kann nach dem Abendessen in einen großen Versammlungsraum gehen. Hier veranstalten Heilssoldaten täglich einen gemischten Abend. Mädchen und Frauen machen fröhliche Musik. Man betet kurz, der Offizier vom Dienst hält eine kurze Ansprache. Dann steigt der eine oder andere Mann auf seinen Stuhl und berichtet, wie ihn Heilssoldaten vor dem körperlichen und geistigen Ruin bewahrt haben. Sie fordern die Anwesenden auf, diese Abendstunde zur Umkehr zu benutzen. Einige folgen dem Aufruf. Heilssoldaten helfen ihnen, mit sich und Gott ins reine zu kommen.

Zu den auf diese Weise Geretteten zählt auch W. M. („Buff"). Der 1864 in Deptford Geborene erlebt am 31. März 1889 seine Umkehr. Sein Vater ist Manager in der Marine, ein vertrauenswürdiger, geachteter Mann. Dagegen ist „Buffs" Mutter eine Trinkerin, laut, schlampig, kurz: verkommen. Nach der Ehescheidung wird „Buff" der Mutter zugesprochen. Zu seinem siebten Geburtstag schenkt sie ihm ein großes Glas Gin. In einer Armenschule bekommt er herzlich wenig mit. Als er 9 Jahre alt ist, schnappt man ihn beim Äpfelstehlen und schickt ihn für 7 Jahre auf eine Technische Schule in Ilford. Danach sieht man ihn nur noch auf der Straße, in Nachtasylen und Gefängnissen. Er wird Bandenführer. Er ist nämlich eine geborene Führernatur, er kann befehlen, und man gehorcht ihm. Als er gerettet ist, folgen ihm etliche Bandenmitglieder auf dem Weg in ein geordnetes Leben und zu Gott.
Solche Bekehrungen sind nur möglich, so betont William Booth ausdrücklich, weil man die „Drifter" nicht nur beköstigte, sondern sich auch um ihre Seelen mühte. Hätte man ihnen nur zu essen gegeben, wären sie am nächsten Morgen mit neuer Kraft ins Ungewisse hineingegangen. Nach dem Vorbild Jesu geben die Heilssoldaten den Hungernden zuerst zu essen, dann predigen sie ihnen die frohe Botschaft, daß jeder gerettet werden kann.
Was aber macht die Heilsarmee mit Menschen, die keinen Pence in der Tasche haben und nicht den kleinen Betrag für Essen und Unterkunft in einem *Billig-essen-Depot* bezahlen können? Wer arbeitsfähig ist, muß dafür arbeiten. Aber wo? Die Heilsarmee hat im Frühjahr 1890 im Whitechapel-Distrikt von London eine kleine Fabrik eingerichtet. Hier kann sich jeder, der will, bei einer Arbeitszeit von 8 Stunden (damals wenig!) sein Essen und die Unterkunft verdienen. Einige machen Brennholz zurecht, andere schreinern Bänke für die Heilsarmee, wieder andere flechten Matten. Unter denen, die sonst nirgendwo Arbeit finden, sind Schreiner, Seeleute, Bürogehilfen, Schneider, Landarbeiter, Ingenieure, Musiker,

Einzelhändler, Maler, Steinmetzen. Für sie ist diese kleine Fabrik der Heilsarmee als Übergangsstation gedacht. Vor allem sollen sie hier wieder Fuß fassen und ihr Selbstgefühl wieder aufbauen. Die Heilssoldaten, die die Arbeiten überwachen und mit anpacken, tun alles, um den hier Arbeitenden das Gefühl zu geben, daß sie einen neuen Anfang machen können.
William Booth achtet sehr genau darauf, daß durch die Maßnahmen der Heilsarmee niemand sonst wirtschaftlich geschädigt wird. Gewerkschaftsvertreter befürchten, die Heilsarmee könne ihre Erzeugnisse zu Niedrigpreisen verkaufen und so andere Produzenten und deren Arbeiter schädigen. Booth wacht genau darüber, daß die Heilssoldaten nichts unter dem jeweiligen Marktpreis verkaufen. Brennholz verkaufen sie sogar ein bißchen teurer. Er will nicht, daß man einzelnen Arbeitern hilft, indem man andere schädigt. Was die Löhne anbetrifft, möchte er beispielsweise Arbeiterinnen und Arbeitern in einer von der Heilsarmee betriebenen Zündholzfabrik Löhne zahlen, die zweimal höher sind als die, welche andere Zündholzfabrikanten zahlen. Booth möchte auf diese Weise seinen Beitrag zur Abschaffung von Ausbeutung und Hungerlöhnen leisten.

*William Booth betont, daß er nichts von bloßer Mildtätigkeit hält (*In Darkest England, *S. 107). Suppenküchen, in denen kostenloses Essen ausgegeben wird, sind für ihn keine Lösung, ganz im Gegenteil: Bloße Mildtätigkeit zerstört seiner Meinung nach die Selbstachtung des Empfängers. Sie „demoralisiert“ ihn, schlimmer noch: Sie stößt den Armen in noch größere Armut.*
*In diesem Punkt sind viele seiner Victorianischen Zeitgenossen mit ihm einig. Die große Sozialreformerin Beatrice Webb, die 1858 geboren wurde, berichtet, wie in ihren Kindertagen überall zu hören war, das Massenelend in den Großstädten rühre im wesentlichen von der verbreiteten unkritischen Mildtätigkeit her. Sie vermehre die Zahl der Bedürftigen, sie erzeuge „Abhängigkeit, Tyran-*

*nei, Müßiggang und Mißmut". Der an wirklichen Reformen interessierte John Stuart Mill führt das niedrige Bildungsniveau der meisten Frauen seiner Zeit vor allem darauf zurück, daß viele wohlhabende Frauen zu „kurzsichtiger Wohltätigkeit" neigten. Indem sie den Bedürftigen die Verantwortung für ihren Lebensunterhalt und ihr eigenes Handeln abnähmen, untergrüben sie deren Selbstachtung und deren Willen, sich selbst zu helfen und ihr Leben in die eigenen Hände zu nehmen.*

*So begrüßten die meisten Victorianer das verbesserte Armen-Gesetz von 1834, weil es die „anständigen" von den „unanständigen" Armen scheide. Wer sich, wie es das Gesetz vorschrieb, in eines der berüchtigten* workhouses, *d. i. Arbeitshäuser, genauer: Besserungsanstalten, einweisen ließ, zeigte damit, daß er „ein schwacher Charakter" war. Die „anständigen" Armen würden alles unternehmen, anderswo Arbeit und Unterschlupf zu finden.*

*Hier spielt auch die Entwicklungstheorie von Charles Darwin, die 1859 in Buchform (*The Origin of Species, *d. i. der Ursprung der Arten) herauskam, eine Rolle. Darwin hatte beobachtet, daß in der Natur nur die fähigsten, genauer: die anpassungsfähigsten Arten überleben. Viele seiner Zeitgenossen übertrugen diesen Gedanken auf die soziale Szene: Diejenigen Armen, die sich dem raschen Wandel zur Industrie- und Konsumgesellschaft nicht anpassen konnten oder wollten, waren schwache Charaktere.*

*So ist für viele Victorianer das Wort Mild- oder Wohltätigkeit ein schmutziges Wort, und Harold Skimpole in Dikkens' Roman* Bleak House *(1852—53) war für die meisten Leser jener Zeit ein Beweis für die Richtigkeit des „11. Gebotes": „Du sollst keine milden Gaben annehmen." Denn das verderbe den Charakter und zerstöre damit die Möglichkeit für einen Neuanfang.*

*Vor allem an einem Neuanfang aber liegt William Booth. Deshalb ist auch er nicht für eine kurzsichtige, unkritische Mildtätigkeit.*

Er versucht nicht nur, Arbeitslosen einen Arbeitsplatz zu schaffen oder zu beschaffen, er achtet auch darauf, daß die Arbeitsbedingungen human und die Bezahlung angemessen ist.
Besonders schlimm dran sind die Männer, Frauen und Kinder, die in Fabriken oder zu Hause mit der Herstellung und Verpackung von Streichhölzern ihr Geld verdienen müssen. Der Großteil dieser Streichhölzer enthält viel gelben Phosphor. Um auf die verlangte Stückzahl zu kommen, essen viele Arbeiter und Arbeiterinnen während der Arbeit. Auf diese Weise kommen Phosphorspuren in den Mund und führen vielfach zu Nekrose. Diese brandige Erkrankung frißt die Zähne und die Kieferknochen an. Deshalb spricht man in solchen Fällen auch von „Phosphor-Kiefer". Schon das Einatmen der Dämpfe führt zu Zahn- und Kieferschmerzen. Nach und nach verfärbt sich das Gesicht, wird dunkel-schwarz und eitert. Die Erkrankung führt in den meisten Fällen zum Tod.
Man streikt, man protestiert, man gibt Arbeitsschutzbestimmungen heraus. Die Wirkung ist jedoch gering. William Booth will sich nicht mit Protesten begnügen, er handelt und zeigt, daß es Wege gibt, um die Menschen in den Zündholzfabriken vor der Nekrose zu bewahren. Im Mai 1891 eröffnet er in der Lamprell Street im Osten Londons eine eigene Zündholzfabrik. Der Betrieb ist gut gelüftet, hell und geräumig. Hier wird ein neues Material für die Streichholzköpfe verwendet, das ungefährlich ist. Kurz zuvor ist dieser neue Zündstoff entwickelt worden. Booth, stets aufgeschlossen für Erfindungen und Entdekkungen, die den Menschen wirklich helfen, entscheidet, daß in der neuen Fabrik nur dieser neue, rote Stoff verwendet wird. Er zahlt den Arbeitern rund das Doppelte mehr, als die Fabrikanten, die noch Phosphor verwenden, ihren Arbeitern zahlen. Er zeigt damit, daß viele Arbeitgeber ihren Arbeitern nur Hungerlöhne zahlen. In seiner Fabrik finden etwa hundert Menschen Arbeit. Es gibt hier Möglichkeiten zum Waschen und Duschen, und

in den Pausen kann man in einer Teestube bei einem Plausch neue Kräfte sammeln. Rund zehn Jahre lang produziert die Fabrik der Heilsarmee etwa 6 Millionen Schachteln Streichhölzer jährlich. Die Aufschrift auf den Schachteln lautet: *Lichter im dunkelsten England. Sicherheit vor Feuer. Gerechte Löhne für ordentliche Arbeit. Die Heilsarmee, Sozialabteilung.*

Diese Aufschrift und weitere dringende Appelle von William Booth zwingen die Zündholzhersteller dazu, den neuen, ungefährlichen Zündstoff zu verwenden. Als die Fabrik der Heilsarmee um die Jahrhundertwende schließt, kann William Booth darauf verweisen, daß damit der Schutz des Arbeiters am Arbeitsplatz und die Lohnfrage ein gutes Stück vorangekommen sind.

Wie zu erwarten, müssen sich William Booth und die Heilssoldaten auch diesmal Widerstand und Spott gefallen lassen. In einer Nummer des *Punch* findet sich eine Karikatur, die ein angebliches Ehevermittlungsbüro der Heilsarmee zeigt. Der Text unter der Karikatur spielt mit der Doppelbedeutung des englischen Wortes *match*. *Match* heißt sowohl *Streichholz* als auch *Heirat*, *Partie*. Die Überschrift „Sicherheits-Streichhölzer fürs Leben!" kann auch so gelesen werden: „Sicherheits-Partien fürs Leben!" „Wenn Sie unverheiratet sind", so sagt der Spötter, „und Sie wissen nicht, wo Sie einen Partner finden können, setzen Sie sich mit Oberst BARKER, Heiratsvermittlungsbüro, 101, Queen Victoria Street, E. C., in Verbindung, und er wird Sie höchst wahrscheinlich mit dem versorgen, was Sie brauchen: mit einer liebenswerten und guten Person." [7]

Vor allem Bramwell Booth schmerzen solche und ähnliche Angriffe. Sein Vater läßt sich davon jedoch nicht be-

[7] Booth hatte auch ein Heiratsvermittlungsbüro eingerichtet. Außerdem lag ihm viel daran, daß die weiblichen Offiziere Männer heirateten, die ihnen geistig nicht unterlegen waren und zudem Manieren hatten. Wieweit hier Erfahrungen mit seinen Eltern eine Rolle gespielt haben, wissen wir nicht genau.

eindrucken. Er sagt zu seinem Sohn: „In 50 Jahren zählt nicht mehr, wie diese Leute uns behandelt haben. Was zählen wird, ist, wie wir die Arbeit, die Gott uns aufgetragen hat, verrichtet haben."

## Wie die Booths es mit dem Glauben hielten

Die Booths und ihre Mitarbeiter werden häufig gefragt: „Was für ein Bekenntnis habt ihr eigentlich? Kann man das irgendwo nachlesen?"

Catherine und William Booth verstehen sich nicht als Theologen und nicht als Kirchengründer. Sie wenden sich an einfache Leute, die in der Regel keine Beziehung zu den offiziellen Kirchen haben. Als der 36jährige Erweckungsprediger durch die Elendsviertel im Osten Londons geht, ist seine Botschaft deshalb sehr einfach: „Auch im Ostteil Londons gibt es für jedermann den Himmel, für jeden, der innehält, nachdenkt und auf Jesus als seinen persönlichen Erlöser schaut." Persönliche Bekehrung und persönliche Errettung des einzelnen durch Jesus ist zugleich die Voraussetzung für die Gesundung der Gesellschaft. Im Vorwort von *In Darkest England*, also 1890, sagt er: „Meine einzige Hoffnung für die dauernde Befreiung der Menschheit aus dem Elend, in dieser oder der anderen Welt, ist die Erneuerung und Gesundung des einzelnen Menschen, kraft des Heiligen Geistes durch Jesus Christus" (S. 4).

Aber niemand kann innerlich erneuert werden und gesunden, wenn er in trostlosen äußeren Verhältnissen lebt. Für William Booth ist es pure Scheinheiligkeit, die Härte des irdischen Leidens dadurch wegzumanipulieren, daß man Wechsel ausstellt, die erst jenseits des Grabes eingelöst werden sollen.

Ursprünglich hatte William Booth gedacht, die von ihm Erweckten und Bekehrten sollten in die Kirchen der bestehenden christlichen Glaubensbekenntnisse gehen. Doch schon in Nottingham hat er erfahren, daß die meist wohlhabenden Kirchgänger der offiziellen Kirchen das „Pack", mit dem sich Booth abgibt, nicht mögen. Deshalb sagt er sich: Ich muß ihnen einen geistlichen Rahmen geben, der zu ihnen paßt.

1878 formuliert er elf Glaubensartikel, die seitdem jeder unterschreibt, wenn er der Heilsarmee beitritt. Sie sind erstmalig abgedruckt im Rechenschaftsbericht der Heilsarmee von 1878. Sie folgen im wesentlichen „der christlichen Verkündigung, wie sie der Heiligen Schrift zu entnehmen ist".
Die Artikel lauten:

1. *Wir glauben, daß die Schriften des Alten und des Neuen Testaments von Gott eingegeben wurden. Sie allein sind Richtschnur des christlichen Glaubens und der Lebens-Praxis.*
2. *Wir glauben, daß es nur einen Gott gibt. Er ist unendlich vollkommen, und er ist der Schöpfer, Erhalter und Lenker aller Dinge. Nur ihn dürfen wir anbeten.*
3. *Wir glauben, daß es drei Personen in der einen Gottheit gibt: Vater, Sohn und Heiliger Geist. Sie sind in ihrem Wesen ungeteilt und gleich in Kraft und Herrlichkeit.*
4. *Wir glauben, daß in der Person Jesu Christi die göttliche und die menschliche Natur vereint sind, so daß er wahrhaftig und wirklich Gott und wahrhaftig und wirklich Mensch ist.*
5. *Wir glauben, daß unsere Stammeltern im Zustand der Unschuld geboren wurden, daß sie aber durch ihren Ungehorsam Reinheit und Glückseligkeit verloren haben. Durch ihren Fall sind alle Menschen Sünder geworden. Völlig verdorben, sind sie zu Recht dem Zorn Gottes ausgesetzt.*
6. *Wir glauben, daß unser Herr Jesus Christus durch sein Leiden und seinen Tod die ganze Welt entsühnt hat, so daß jeder, der will, gerettet werden kann.*
7. *Wir glauben, daß Reue gegenüber Gott, Glaube an unseren Herrn Jesus und Erneuerung durch den Heiligen Geist zur Rettung nötig sind.*
8. *Wir glauben, daß wir kraft der Gnade Gottes durch den Glauben an unseren Herrn Jesus gerechtfertigt*

*werden und daß jeder, der glaubt, das Zeugnis davon in sich selber hat.*

9. *Wir glauben, daß wir nur dann im Zustand der Gnade verbleiben können, wenn wir beharrlich an Christus glauben.*
10. *Wir glauben, daß es der Vorzug aller Gläubigen ist, durch und durch geheiligt zu werden und daß sie mit Geist und Leib und Seele ohne Makel bleiben können bis zum Kommen unseres Herrn Jesus Christus.*
11. *Wir glauben an die Unsterblichkeit der Seele, an die Auferstehung des Leibes, an das allgemeine Gericht am Ende der Tage, an die ewige Glückseligkeit der Gerechten und an die ewige Verdammnis der Bösen. [Übers. d. Verf.]*

Daran halten sich die Heilssoldaten in aller Welt. Es wird nicht erwartet, daß sie zu den Sakramenten gehen, wie dies in den offiziellen Kirchen üblich ist. Allerdings ist kein Heilssoldat daran gehindert, die Sakramente zu empfangen.

In der Reserviertheit dem Sakramentenempfang gegenüber wurde William Booth von Catherine bestärkt. Sie beobachtete aufmerksam, ob und wie der Empfang der Sakramente auf die bürgerlichen Mitglieder der offiziellen Kirchen wirkte. Ihre Beobachtungen stimmten sie nicht gerade froh.

Catherine erläutert dies genauer. Sie sagt, das Neue Testament schreibe keine verbindlichen Gottesdienstformen vor. Wer Buße tue, Glauben, Hoffnung und Liebe habe und die Gebote halte, könne ohne Sakramentenempfang in den Himmel aufgenommen werden. Sie fügt hinzu, sie hätten mit und in der Heilsarmee das allgemeine Priestertum und den lebendig machenden Geist Gottes am gründlichsten in die Tat umgesetzt und so die Menschen erreicht, die andere Religionsgemeinschaften nicht erreicht oder verloren hätten. So gesehen, sei die Heilsarmee die konsequenteste Ausformung der protestantischen Reformation. (William Booth ermahnt die

Heilssoldaten, gleichsam quasi-sakramental beim Essen und Trinken jedesmal an den Leib und das Blut Jesu Christi zu denken.)

Dazu kommt noch eine andere Überlegung. Catherine Booth weiß aus der Kirchengeschichte, daß der Streit um die Sakramente oft zu Spannungen und Spaltungen geführt hat. Die Heilsarmee steht Menschen aller Bekenntnisse offen. Die Diskussion über die Sakramente soll hier nicht abschreckend und spaltend wirken. Auch deshalb der Verzicht auf Sakramente.

Die Kraft für die täglichen Mühen holen sich die Booths und auch die Heilssoldaten im regelmäßigen, intensiven Gebet. Darüber hinaus betet William Booth bei jeder sich bietenden Gelegenheit. Seinen Freund, den Journalisten William T. Stead, fragt er einmal: „Wie steht es mit deiner armen Seele?" Der Journalist ist sich in diesem Punkt nicht sicher. Booth sagt zu ihm: „Dann laß uns kurz zusammen beten." So fragt er auch einen der Baumeister des britischen Kolonialreichs, den wenig zimperlichen Cecil Rhodes, während einer Zugfahrt, wie es mit seiner Seele stünde und ob er bete. Cecil Rhodes schaut verlegen drein. William Booth fordert ihn auf, mit ihm auf dem Boden des Abteils niederzuknien und zu beten. Sein Herz, so schreibt er einmal, hungere nach Seelen, und das Gebet sei Balsam für die Seele.

Die Booths sehen keinen Grund, ihre Auffassungen und Praktiken zu ändern. Das zeigen unter anderem die Zahlen der Gottesdienstbesucher. Um 1885 zählt man in London an einem Werktag etwa 10000 Gottesdienstbesucher in den etablierten Kirchen. In den Versammlungssälen der Heilsarmee versammeln sich dagegen täglich 17000 Menschen. Natürlich machen sich Vertreter der Großkirchen, vor allem der katholischen Kirche und der *Kirche von England*, darüber Gedanken.

Am 30. Juni 1890 spricht Dr. Barry, katholischer Geistlicher, vor Katholiken offen über die Versäumnisse der Großkirchen: Sie haben sich nicht genügend um das Proletariat (er verwendet hier und auch an anderen Stellen

Wendungen von Karl Marx) gekümmert. Die offiziellen christlichen Kirchen hinken der Entwicklung „schrecklich" hinterher. Er kritisiert auch die Regierung, die Millionen von Menschen tatenlos in unmögliche Lebensbedingungen hat hineingeraten lassen. Wen kann es da wundern, daß vor allem Kinder und junge Leute, deren Eltern im Wirtshaus oder im Gefängnis sind, für die christliche Frohbotschaft unempfänglich geworden sind?
Dr. Barry sagt: Wir müssen die Lebensbedingungen ändern und auf die armen Menschen zugehen. Das kann nur bedingt innerhalb der Kirchenmauern geschehen. Man braucht *Laien*christen, die alles unternehmen, um in Schulen, auf der Straße, in den Wirtshäusern und unter Brückenbögen die Schlacht für den Menschen zu gewinnen. Er fügt hinzu, daß die wurzellos gewordenen Menschen wieder eine „Heimat" bekommen müßten, vor allem in der Familie.
Was Dr. Barry hier fordert, ist Catherine und William Booth und ihren Heilssoldaten schon längst tägliche Aufgabe geworden. Sie kommen auf ihre Weise an die Menschen heran, die sich von den Großkirchen nicht (oder nicht mehr) angesprochen oder angezogen fühlen. Angesichts der Erfolge der Heilsarmee fragt ein Vertreter der *Kirche von England*, der Erzbischof von York: Sollte man die Heilsarmee nicht in die *Kirche von England* integrieren? Catherine und William Booth winken ab. Eine solche Verschmelzung mit einer etablierten Kirche könnte die Heilsarmee lähmen und in Konventionen erstarren lassen. Außerdem würden die Ärmsten der Armen sagen: Jetzt macht die Heilsarmee gemeinsame Sache mit den Großkirchen, die für uns nichts übrig haben.
Catherine und William Booth registrieren die späte Selbstkritik der Großkirchen, aber sie tadeln nicht und zeigen keine Schadenfreude, sondern gehen weiter unbeirrbar ihren Weg.
Rückblickend müssen wir heute sagen, daß die Sprecher *aller* Religionsgemeinschaften damals einiges nicht ganz richtig einschätzten und dies wohl auch nicht konnten,

weil ihnen mitten in den Umwälzungen Distanz und verläßliche Unterlagen fehlten.
Wie wir heute einigermaßen zuverlässig wissen, war der Kirchenbesuch damals, je nach Ort, sehr unterschiedlich. Ferner sagt die Häufigkeit des Kirchenbesuchs nicht sehr viel über die wirkliche Religiösität aus. Leute, die wenig oder gar nicht zum Gottesdienst gingen, übten in der Familie und der Nachbarschaft viel praktisches, ehrliches Christentum. Im Gegensatz zu den meisten Ländern auf dem europäischen Kontinent blieb England im wesentlichen kirchlich-christlich. So haben sich etliche Pioniere der sozialistisch orientierten Labour-Party als Jugendliche bekehrt und machten christliche Grundwerte zur Basis ihrer Politik, auch wenn sie im späteren Leben nicht mehr kirchlich gebunden waren.
In dem Maß, in dem sich mit dem Fortschritt mehr und mehr natürliche Lösungsmöglichkeiten für viele Probleme anboten und Freizeitsport, Familienausflüge und andere Vergnügungen für Kurzweil sorgten, ließ *allgemein* das Bedürfnis nach, in Kirchen und Kapellen Trost, Hilfe und Abwechslung zu suchen. So wuchs auch die Heilsarmee in England nach 1900 nicht mehr so stürmisch wie zuvor, die Zahl der Methodisten ging zurück. Daß die *Kirche von England* in etwa ihren Anteil hielt, hängt im wesentlichen damit zusammen, daß der Kirchenbesuch für Arbeiter und Kleinbürger, die aufgestiegen waren, eine Statussache war. Man zeigte so, daß man „respektabel“ war und „dazugehörte“.

# Verfolgung

1880 „eröffnet“ die Heilsarmee in den USA „das Feuer“, noch im selben Jahr „nimmt“ sie Australien. In den nächsten drei Jahren folgen Frankreich, Kanada, Indien, Schweden, Ceylon (jetzt Sri Lanka), Südafrika, Neuseeland und Pakistan.

Doch die Freude über dieses rasche Wachstum, das vor allem durch Frauen vorangetrieben wird, ist nicht ungetrübt. Schon 1866 haben Rowdys eine Versammlung der *Christlichen Mission* mit dem Werfen von Knallkörpern und faulen Eiern gestört. Der „Kriegsrat“ von 1878 wird ebenfalls massiv behindert. Man wirft heiße Kartoffeln und tote Katzen durch die Fenster und leitet Brandgerüche durch die Ventilatoröffnungen ins Innere. Draußen machen Rowdys mit Hörnern, Eimern und Töpfen einen Höllenlärm. Ganz schlimm wird es Anfang der 80er Jahre. Die Wirtsleute und Brauereibesitzer befürchten Einkommensverluste, weil die Heilssoldaten andere vom Trinken abhalten. Die Wirte stiften Hooligans an, den Heilssoldaten „kräftig einzuheizen“. Besonders aktiv ist die von Wirten und Brauereien finanzierte „Skelett-Armee“.

An einem Sonntagmorgen des Jahres 1882 sind Catherine und William Booth in Sheffield besonders erfolgreich gewesen. Am Montag darauf werden sie bei einem Umzug mit Dreck „und Eiern“ beworfen. Ein Leutnant bekommt einen Schlag auf den Hinterkopf und erleidet eine Gehirnerschütterung. Die Musikinstrumente sind zerbeult. Booth sagt scherzend zu den blutenden, mit Eigelb und Kot beschmierten Heilssoldaten, jetzt müßten sie sich fotografieren lassen. — Kurz nach der Gründung eines Heilsarmeekorps in Folkestone ruft der Bürgermeister die Bürger auf, alle Heilssoldaten „ins Wasser oder in die Hölle zu treiben“. Man solle ihre Fahne nehmen und sie damit aufhängen. Wieder sind es Rowdys, die faulen

Fisch und anderen Unrat auf die Heilssoldaten werfen. — In Guildford stirbt eine Frau, nachdem man sie bewußtlos geschlagen und dann getreten hat. — Kapitän Susannah Beaty wird in Hastings angegriffen und stirbt an den Folgen des Überfalls.

Allein 1882 werden 669 Heilssoldaten, davon 251 Frauen, brutal niedergeschlagen und 56 Gebäude der Heilsarmee zerstört oder beschädigt. 1884 werden 600 Heilssoldaten ins Gefängnis gesteckt, die meisten wegen „Störung der öffentlichen Ordnung". Die Rowdys werden nicht bestraft.

Auch im Ausland werden die Heilssoldaten verfolgt. In den USA, in Deutschland, in der Schweiz, in Belgien und anderswo fliegen Steine, Flaschen, glühende Kohlen, ätzende Chemikalien, oder man streut Niespulver, bevorzugt in Deutschland.

Im Jahr 1884 wird in St. Aubin (Schweiz) ein Mädchen so übel zugerichtet, daß ihm die Haut von der Stirn herunterhängt. — In den USA wird ein Mann gesteinigt und dann mit einer Keule geschlagen. Schließlich springen sie noch auf dem Sterbenden herum (St. Louis). — In Pontia (Michigan) wird eine Frau erschlagen, eine andere in Spokone (Washington) erschossen. Andere kommen mit dem Schrecken davon.

So berichtet J. J. R. Redstone, was ihm, seiner Frau und einigen anderen Heilssoldaten 1888 passierte, als sie nichtsahnend durch die Straße zogen. Er schlägt das Bekken, die anderen singen. Da wird er von zwei Polizisten auf die Polizeistation gebracht. Auf dem Weg dorthin schlägt er weiter sein Becken und singt dazu. Ladeninhaber kommen auf die Straße, Passanten bleiben stehen. Man hindert ihn daran, weiter Musik zu machen. Er spricht von Jesus. Die Polizisten fühlen sich unwohl. In der Polizeistation kniet er nieder und betet für die Polizisten und den Kneipenwirt, der ihm die Polizei auf den Hals geschickt hat. Nach drei Minuten läßt man Redstone frei. Draußen erwarten ihn seine Frau und ein paar Freunde. Rowdys fallen über sie her. Sie müssen sich in

einen Schreibwarenladen flüchten. Polizisten kommen und geleiten sie zum Versammlungsraum. Die Rowdys folgen ihnen. Statt diese zu zerstreuen, gehen die Polizisten weg.
Neben dem Versammlungsraum der Heilsarmee, in dem sich Redstone, seine Frau und seine Freunde jetzt befinden, verläuft eine Eisenbahnstrecke. Zu der Zeit sind Arbeiter damit beschäftigt, ein älteres Gebäude abzureißen, um Platz für einen weiteren Schienenstrang zu machen. Die Ziegelsteine legen sie auf einen Haufen. Die Rowdys, von Kneipenwirten angestiftet, nehmen diese Steine und werfen damit die Fenster des Versammlungssaals ein. Einigen Heilssoldaten gelingt es hinauszukommen. Sie werden mit Steinen beworfen. Jetzt sind noch sechs Heilssoldaten im Versammlungsraum, unter ihnen Redstone und seine Frau. Inzwischen haben sich etwa 500 Menschen versammelt, die den Heilssoldaten Schaden zufügen wollen. Wenn jemand wieder eine Scheibe eingeworfen hat, ertönt Triumphgeschrei. Die Heilssoldaten verbarrikadieren von innen den Eingang und stellen das Gas ab. Sie spüren bald, daß man sie töten will. Der Mob will in das Gebäude eindringen, doch die untere Fensterreihe ist mit Eisengittern gesichert. Die Rowdys biegen die Gitter auseinander. In dem Augenblick, in dem die Eingangstür nachgibt, flüchten die sechs Heilssoldaten durch einen Nebeneingang und laufen um ihr Leben. Herbeigerufene Polizisten sind gleich wieder abgerückt. Frau Redstone fällt in ein Loch, gottlob hat sie sich nichts gebrochen. Sie laufen weiter und kommen so mit dem Leben davon.
Wie Bürger-Komitees gegen die Heilsarmee agitierten, zeigt der folgende Aufruf:

An die Bevölkerung von Salisbury[8]

*Schon eine ganze Zeit haben wir den Lärm und den Unfug ertragen, den die Heilsarmee veranstaltet, indem sie durch die Straßen zieht. In der Hoffnung, daß die Behörden dieser Stadt dem allgemeinen Wunsch entsprechen und Gegenmaßnahmen ergreifen würden, haben wir bisher stillgehalten. Dieser Unfug muß nun endlich ein Ende haben. Doch die Behörden dieser Stadt rühren sich nicht und scheinen nicht gewillt, die Macht, die sie besitzen, zur Beendigung des Höllenspuks einzusetzen. Wir möchten daher bekanntgeben, daß sich ein Verein gebildet hat, der das tun will, was die Behörden nicht zu tun bereit sind. Der Verein hat nur ein einziges Ziel: die Heilsarmee daran zu hindern, daß sie durch unsere Straßen zieht.*

*Der Verein wird verschiedene Mittel anwenden, um dieses Ziel zu erreichen. Er wird dafür sorgen, daß die Marschkolonnen mit Gewalt gesprengt werden, und alles unternehmen, daß es erst gar nicht zu solchen Umzügen kommt. Der Verein wird Mitglieder und freiwillige Helfer dahingehend beraten und unterweisen, daß sie bei der Sprengung der Marschzüge vor allem dem schwächeren Geschlechte nicht zu nahe treten. Der Verein nimmt allerdings nicht die Verantwortung für das auf sich, was geschieht, wenn seine Helfer und Freunde zuerst angegriffen werden. Wer beim Vorgehen gegen die Heilsarmee irgendeinen Schaden oder Nachteil erleidet, kann mit finanzieller oder anderer Hilfe seitens des Vereins rechnen. Eine solche Entschädigung bekommt jedoch niemand, welcher gegen Heilsarmisten in deren Versammlungsräumen vorgeht, denn der Verein ist der Meinung, daß die Heilsarmee ihren Aktivitäten in geschlossenen Räumen nachgehen sollte. Deshalb ruft der Verein alle Bürger, die dazu in der Lage sind, auf, in gemeinsamer Anstrengung*

[8] Diese Übersetzung vom Verf. gibt nicht das Lay-out und die unterschiedlichen Drucktypen (und auch nicht einen Druckfehler) des Originals wieder.

*die Heilsarmisten zu zwingen, das Spektakel in unseren Straßen endlich zu beenden. Wenn unsere Behörden nicht handeln wollen oder können, müssen wir es tun. Wir wollen dieser Stadt den Frieden und die Ruhe zurückgeben, die sie vor dem Unfug dieser Heilsarmisten zu einem Vorbild für die ganze Nation machten.*

*18. Februar 1881* *Frederick Rodway, Vorsitzender*
*Samuel Howe, Sekretär*

Nicht weniger schmerzhaft als Ziegelsteine, Fußtritte und Knüppelhiebe, denen sich die Heilssoldaten immer wieder ausgesetzt sehen, sind Sticheleien in Tageszeitungen und Illustrierten, so die Karikatur von 1882, die William Booth darstellt, wie er heimlich Geld von einem Tisch in eine Kiste scharrt, die auf dem Boden steht und die Aufschrift *Funds*, d. i. hier: gestiftetes Geld, trägt. Er schaut dabei verstohlen zur Seite, so als ob er fürchte, beobachtet zu werden. Unter der Karikatur steht: *„Nun, Mr. Booth, darf man vielleicht wissen, was Sie mit all dem Geld machen werden?“* Mit solchen und ähnlichen Karikaturen soll nicht nur William Booths Ehrlichkeit in Frage gestellt werden, sondern es klingt auch die Frage durch, ob es richtig ist, daß die Heilsarmee von reichen Leuten Spenden für ihre Arbeit annimmt. Klebt, so wird gefragt, an diesem Geld nicht der Schweiß von Millionen ausgebeuteter Männer, Frauen und Kinder? Schlimmer noch: Benutzt die Heilsarmee dieses Geld nicht dazu, wenn auch ungewollt, um die Ausgebeuteten mit Vertröstungen auf eine Gerechtigkeit im Himmel dazu zu bringen stillzuhalten, und somit zu gefügigen Arbeitnehmern zu machen, was den Unternehmern sehr entgegenkommt.

Was die persönliche Bereicherung anbetrifft, hätten die Verleumder wissen müssen, was bei den Heilssoldaten und darüber hinaus bekannt war: Bis etwa 1878 leben die Booths von der Hand in den Mund, wie man zu sagen pflegt. Meistens ist Schmalhans Küchenmeister. Sie sind nicht anspruchsvoll. Von Jane Short, einer Untermieterin der Booths, wissen wir, daß William Booth, der einen empfindlichen Magen und eine schlechte Verdauung hatte, stets mit etwas Brot und Butter zufrieden war und sich in seinen späteren Jahren hauptsächlich vegetarisch ernährte. Er wollte nie, daß für ihn etwas Besonderes gekocht würde. Alkohol und Tabak rührte er nicht an. Seine Leibwäsche war geflickt, aber sauber. Die abgelegte Kleidung gab er Bedürftigen.

Es gibt vermögende Leute, die William Booth eine größere Geldsumme anbieten, die er auf die Bank legen und von deren Zinsen er mit seiner Familie leben soll. Er lehnt mehrere dieser Angebote ab, doch da die Familie von der Arbeit in der Heilsarmee mit der Zeit voll und ganz beansprucht ist und dafür keine Entlohnung will, nimmt William Booth schließlich von einem Freund der Heilsarmee eine Summe von 5000 Pfund an. Von den Zinsen dieser Summe leben die zehn (!) Booths mehr schlecht als recht. Als nach dem Tod von William am 20. August 1912 das Testament eröffnet wird, stellt sich heraus, daß er nur eine lächerlich kleine Summe auf seinem Konto hat, die nach dem Willen des Verstorbenen der Heilsarmee übergeben wird. Die 5000 Pfund, von deren Zinsen sie bisher gelebt haben, sollen unter die acht Kinder aufgeteilt werden.

Mit dem zweiten Vorwurf, die Heilsarmee nehme gern und unbesehen schmutziges Geld von Reichen an, hat sich George Bernhard Shaw in seinem vielleicht besten Stück, *Major Barbara* (1907), auseinandergesetzt.

George Bernhard Shaw (1865—1950), dessen Stück *Pygmalion* (1930) die Grundlage des weltbekannten Musicals *My Fair Lady* bildet, hat, genauso wie die Heilssoldaten, als junger Mann im Osten Londons an Straßenecken und in Versammlungshallen, allerdings vom Standpunkt des Sozialisten, soziale Gerechtigkeit und echten Fortschritt gefordert. Als Musikkritiker verteidigt er die Musik der Heilsarmee gegen hochnäsige Kritikerkollegen, und im Sommer 1885 unterstützt er William T. Stead und die Heilssoldaten im Kampf gegen den Mädchenhandel. Er ist, was Sünde und Bekehrung anbetrifft, nicht einer Meinung mit der Heilsarmee, aber er schätzt den aktiven Einsatz der Heilssoldaten für die Benachteiligten und Verzweifelten.

*Barbara, Tochter des erfolgreichen Waffenfabrikanten Undershaft, arbeitet als Major in der Heilsarmee. In einem Heim der Heilssoldaten will Bill Walker, ein hartgesottener Sünder, sein erwachendes Gewissen damit beruhigen, daß er den Heilssoldaten 20 Schilling gibt. Der Zufall will es, daß sich zu diesem Zeitpunkt auch der reiche Undershaft zu einem Kurzbesuch bei seiner Tochter Barbara in dem Heim aufhält und den Heilssoldaten für ihre Arbeit einen Scheck über 5000 Pfund gibt. Mrs. Baines von der Heilsarmee ist überglücklich, das Geld wird nämlich dringend gebraucht. Als Bill Walker sieht, daß seine kleine Gabe zurückgewiesen, die große aber angenommen wird, stellt er die Frage, die das ganze Stück beherrscht: „Was kostet denn die Rettung eigentlich, für wieviel Geld kriegt man denn nun das Heil?"*
*Barbara kann nicht verstehen, daß Mrs. Baines über das Geld froh ist. Daran klebt das Blut unzähliger Menschen, die mit den von Undershaft produzierten Waffen getötet worden sind. Mit diesem Blutgeld will die Heilsarmee Seelen retten? Traurig zieht sie ihre Uniform aus und geht nach Hause zurück. Ihr gleichfalls idealistisch gesinnter Verlobter, Cusins, ist genauso traurig und enttäuscht wie sie.*
*Etwas später lädt Undershaft seine ganze Familie ein, die Waffenfabrik zu besichtigen. Die Arbeitsbedingungen sind gut, die Entlohnung ist gerecht. Doch Barbara und Cusins sind davon nicht beeindruckt. Undershaft verteidigt sich, indem er sagt, die Armut sei das größte Verbrechen, sie vergifte den Menschen physisch und moralisch. Bring mir Billy Walker hierher, sagt er zu Barbara, und ich werde ihn retten, indem ich ihm Arbeit, Lohn und eine anständige Wohnung biete. Das sei besser, als aus Armut und Hunger Tugenden zu machen, und was Barbara Rettung und Heil*

*nenne, so Undershaft, sei für ihn nichts anderes als Bemutterung und Entmündigung der Bedürftigen.*
*Barbara und ihr Verlobter Cusins werden nachdenklich. Ihnen kommt zum Bewußtsein, daß es für die Armen kein anderes Brot gibt als das, was die Heilssoldaten mit dem Geld der spendenfreudigen Schnapsbrenner und Fabrikanten kaufen. Diesen Spendern den Rücken zu kehren würde bedeuten: dem Leben den Rücken zu kehren. Das Werk Gottes kann nur mit lebendigen Menschen getan werden, und dazu gehören auch der Waffenfabrikant Undershaft und der Spirituosenbrenner Bodger. Worauf es ankommt, das hat Barbara begriffen, ist, die Hölle zum Himmel zu machen und zu versuchen, die Welt der Undershafts und Bodgers mit geistiger Kraft zum Guten des Menschen hin zu ändern.*
*Genau das will auch Undershaft. Deshalb ernennt er Cusins, ein Findelkind, zu seinem Nachfolger im Betrieb. Die Undershafts haben immer nur Findelkinder als neue Firmeninhaber eingesetzt, weil diese unbelastet sind und leichter neue, bessere Ideen durchsetzen können. Da Cusins zudem Griechischlehrer und geistigen Werten gegenüber sehr aufgeschlossen ist, kann er vielleicht mithelfen, daß die Wirtschaft mehr und mehr der Freund des Menschen wird. Barbara, die eingesehen hat, daß kein Menschenfreund, auch kein Heilssoldat, im Leeren operieren kann, entschließt sich, in die Heilsarmee zurückzukehren und mit ihrem neugewonnenen Realitätssinn weiter daran mitzuarbeiten, die Welt etwas menschenfreundlicher zu machen. Sie wird Cusins heiraten. Er wird sie bei der Arbeit in der Heilsarmee nach Kräften unterstützen.*

George Bernard Shaw hat seinen Stücken lange Vorworte vorangestellt, in denen er Kerngedanken des Stückes näher ausgeführt hat, so auch im Fall von *Major Barbara.* In dem Abschnitt *Die Heilsarmee* führt er unter anderem (sinngemäß) aus: Sie muß das Geld nehmen, das ihr angeboten wird, denn ohne einen Penny kann sie nichts bewirken. Natürlich ist das kein restlos sauberes Geld. Jeder Penny hängt irgendwie mit Verbrechen, Trinkerleidenschaft oder Krankheit ebenso zusammen wie mit positivem Unternehmungsgeist, kaufmännischer Rechtschaffenheit und nationalem Wohlstand. Man kann nicht jeden Penny mit einem Zeichen versehen, damit jedermann zweifelsfrei erkennen kann, ob es sich um sauberes oder schmutziges Geld handelt. Sicherlich ist es für einen jungen, idealistisch gesinnten Geistlichen der Kirche von England ein Schock, wenn er erstmalig erkennen muß, daß der Kirche auch Geld aus Kneipen, Bordellen und Unternehmen zufließt, in denen Menschen sich für wenig Geld zu Tode schuften müssen. Vor einer Kneipe gegen den Alkoholkonsum predigen und gleichzeitig in der Kneipe Geld für gute Zwecke einsammeln — diesen Gegensatz gilt es auszuhalten und produktiv zu nutzen. Der Schock ist groß, wie er auch für Barbara groß ist, aber auch das Geld, das gutherzige alte Ladies spenden, kommt, wenn man seinen Weg zurückverfolgt, aus trüben Quellen, und das Einkommen des Geistlichen hat ebenfalls einen dunklen Weg hinter sich. Also muß man an der Schuld der Welt teilhaben oder sich auf einen anderen Planeten flüchten. Man muß die Ehre der Welt retten, wenn man seine eigene Ehre retten will. Das hat Barbara begriffen: Sie ist die Komplizin ihres Vaters, die Heilsarmee kann ohne die Waffenfabrikanten und Schnapsbrenner nicht viel bewegen. Sie können einander nicht ausweichen, sie atmen dieselbe Luft. Es gibt keine Rettung durch das Pochen auf die eigene Rechtschaffenheit. Vielmehr muß die *ganze* Nation aus ihrer lasterhaften, trägen Anarchie gerettet werden.

Genau dies ist, was William und Catherine Booth von Anfang an, nicht ohne eine Spur von Traurigkeit, gesehen haben, und so versteht man, daß die Heilsarmee bei der Uraufführung des Stückes Uniformen zur Verfügung stellte, und auch bei der vorzüglichen Verfilmung von *Major Barbara* im Jahr 1941 (Regisseur: Gabriel Pascal) *mit profilierten Schauspielern und Schauspielerinnen gab die Heilsarmee jede erdenkliche Hilfestellung.*

Noch in einem anderen Punkt hat George Bernard Shaw die Heilsarmee bestätigt. In dem Abschnitt *Barbaras Rückkehr zur Heilsarmee* (Vorwort zu *Major Barbara*) sagt er, William Booth sei gut beraten gewesen, als er statt des Kreuzes *Blut und Feuer* in das Emblem der Heilsarmee aufgenommen und die Kirchenorgel mit der Trommel vertauscht habe: Es hat nämlich keinen Sinn, gegen den Teufel anzureden, man muß ihm mit Zähnen und Klauen zu Leibe rücken. Dazu ist, so Shaw, die militärische Organisation der Heilsarmee das einzig richtige Mittel. Nicht erst seit der Französischen Revolution wissen wir, sagt er, daß revolutionäre Gedanken allein gar nichts bewirken. Er nennt eine ganze Reihe wohlmeinender Menschenfreunde in England und in anderen Ländern. Sie alle predigen Veränderung, doch geändert hat sich wenig oder nichts. Da betritt die Heilsarmee die Szene, genauer: sie marschiert auf, macht Musik und singt, entfaltet eine Fahne mit der Aufschrift *Blut und Feuer*. Die Heilssoldaten sind lebendig, verbreiten Freude, strahlen Tatkraft aus, sind furchtlos, beten, aber nicht um vor Schlägen und Beleidigungen bewahrt zu werden, sondern sie beten um Kraft, allen Angriffen standzuhalten. Sie predigen, aber sie predigen keine Unterwerfung. Sie fürchten keine Schmähung und keine Straßenschlacht, aber sie suchen sie auch nicht. Sie sondern sich nicht ab, benutzen Seife und Wasser wie jeder andere Bürger, sie haben Sinn für Farbe und Musik. Sie sind fröhlich. In einer solchen überbordenden Aktivität liegen sicherlich Gefahren, fügt Shaw hinzu, aber: Wo Gefahr ist, da ist auch Hoffnung: „Unsere gegenwärtige Sicherheit ist nichts und kann nichts sein", weil sie das Böse widerstandslos hereinläßt. Dem Bösen, dem Schlimmen, dem Teuflischen muß man offensiv entgegentreten, und genau das tut die Heilsarmee. Soweit George Bernard Shaw.

Erst zu Beginn des neuen Jahrhunderts lassen die Verfolgungen der Heilsarmee nach. Man erkennt, daß man die

Falschen verfolgt hat. Vor allem die Polizisten und die Rechtsorgane sehen, wie es der Heilsarmee gelingt, Verbrecher zu bekehren und zu neuen Menschen zu machen. Man toleriert die Heilssoldaten, dann respektiert man sie, und schließlich lobt man ihre Mühe.

# Wo die anderen ganz schnell vorbeigehen

## *Die Slum-Schwestern*

Die Zustände in städtischen Elendsvierteln des 19. Jahrhunderts kennen wir beispielsweise von Verfilmungen einzelner Romane von Charles Dickens (etwa *Oliver Twist*). Doch kann hierbei von „kennen" nicht die Rede sein. Filmische Momentaufnahmen vermitteln wenig oder nichts von dem andauernden deprimierenden Einfluß, den die fürchterlichen Wohnverhältnisse auf die Slumbewohner ausübten, und Filmaufnahmen können etwas Entscheidendes nicht vermitteln: Gerüche. Deshalb sollte man beim Lesen der folgenden Seiten versuchen, sich das Geschilderte als langanhaltenden Zustand vorzustellen, also gleichsam „den Film anzuhalten" und sich die angedeuteten Gerüche als allgegenwärtig dazuzudenken.
William Booth ist empfindlich gegen schlechte Gerüche, aber das ist für ihn kein Grund, einen Bogen um die Slums zu machen. Er überlegt, was da zu tun ist. 1886 dann, an einem Abend, bittet er seinen Sohn Bramwell, zu Harriet Webb zu gehen, die im Korps von Battersea (London) arbeitet. Er soll sie fragen, ob sie bereit ist, in die Slums zu gehen und dort zu leben. Sergeant Harriet hat eine freundliche, saubere Wohnung mit Toilette. Auf das alles müßte sie verzichten. Wird sie den Gestank, der aus den offenen Abflußrinnen kommt, ertragen können? Sie überlegt. Ihr Mann, ein Maurer, verspricht ihr jede Hilfe, und so geht sie in das Slumgebiet von Walworth und findet einen leeren Raum, in dem sie sich notdürftig einrichtet. Unter ihr kocht man Schellfisch, der Geruch steigt hoch. Über ihr wirft ein Betrunkener von Zeit zu Zeit seine Schuhe gegen die Wand. Doch Harriet Webb bleibt. Sie besucht Arme, gibt Hungernden zu essen, kleidet Zerlumpte und betet mit Bettlägerigen.

Andere folgen ihrem Beispiel. Jeweils zwei Frauen suchen sich mitten unter den Slumbewohnern einen kleinen Raum, den sie, so gut es geht, sauberhalten. Im übrigen wollen sie sich so wenig wie möglich von den Menschen in den Elendsvierteln unterscheiden. So verzichten sie auch darauf, ihre Heilsarmee-Uniform zu tragen. Die Slumbewohner würden sonst annehmen, die Frauen von der Heilsarmee arbeiteten mit den Behörden zusammen. Mit Behörden, Uniformierten und anderen Offiziellen wollen die Slumbewohner nichts zu tun haben. Nur die kleinen Handzettel mit Schriftworten und Anstößen für eine Umkehr tragen die Slum-Schwestern offen mit sich herum. Dies ermöglicht ihnen, beispielsweise in Gaststätten hineinzugehen, ohne sogleich angepöbelt oder behindert zu werden.

In Cherry Hill Alleys in New York sind Ende der 80er Jahre des vorigen Jahrhunderts Mattie und Em tätig. Sie haben ein Zimmer in einem baufälligen Haus, in dem schon mehrere stadtbekannte Verbrechen begangen wurden. Im Vorderraum logieren ein paar Männer, die sich mit Trinken, Rauchen, Fluchen und Kartenspielen über den Tag bringen. Um das Slumviertel herum fließt der Verkehr der Erfolgreichen, Besitzenden. Beide Slum-Schwestern sind noch jung. Mattie ist eine junge Schwedin. In rauhem, geflicktem Zeug besuchen sie Menschen in den Elendsquartieren. Wenn sie Prostituierte auf der Straße ansprechen wollen, schreit deren Chefin aus einem Fenster: „Macht, daß ihr weiterkommt! Behindert die Mädchen nicht bei ihrer Arbeit!" — In einem winzigen Raum sind drei Frauen, ein Mann und ein Baby zusammengepfercht. Der Schmutz und der Gestank sind unbeschreiblich. Der Mann liegt im Sterben. Er hat Lungenentzündung. Die Slum-Schwestern wollen ihn in ein Krankenhaus bringen, doch er will auf seinem Lumpenlager sterben. — Eine Frau liegt auf dem Fußboden und schläft. Der Kopf ist von der Tischplatte verdeckt. Ein Kind, das anscheinend noch nie gewaschen worden ist, stolpert über die Frau, die schlafend am Boden liegt. Em, die ältere der beiden Slum-Schwestern, gibt dem Mädchen etwas Brei zu essen. Sie bekommt mit einiger Mühe heraus, daß die Kleine Christine heißt. — Sie gehen weiter, steigen in Keller hinunter. Am schlimmsten sind die Hinterhäuser. Überall liegt verfaulender und verrottender Abfall herum. Dazwischen sieht man stinkende Kadaver von Ratten und Katzen. — In einem Raum finden die Slum-Schwestern eine Frau, die vom Opium paralysiert ist. Um sie herum streiten sich Männer. Das schlimmste ist, daß diese Menschen nicht dazu zu bewegen sind, in ein Krankenhaus oder ein Obdachlosenasyl zu gehen. Für sie sind alle „Offiziellen" Feinde, und ein Mann sagt, er gehe nicht ins Krankenhaus, „weil sie dich dort totwaschen". Ein Bad ist für ihn schlimmer als der Galgen oder das Grab.

An einer Straßenecke im Whitechapel-Bezirk (London) beschimpft eine aufgebrachte Frau zwei Männer. Eine kleine Frau von der Heilsarmee sagt ruhig, sie sollten das Trinken aufgeben und sich bekehren. Gott liebe alle, und sie könnten auf der Stelle gerettet werden. Andere treten hinzu und hören den beiden Frauen zu. Eine der Zuhörerinnen schreit plötzlich: „Du verdammtes Schwein! Ich schlage dir die Eingeweide aus dem Leib. Komm mir nicht mit deinen verdammten Unverschämtheiten! Wie kommst du dazu, mir so etwas zu sagen? Du weißt, was du getan hast, und jetzt läufst du zur Heilsarmee. Ich werde ihnen sagen, was du für einer bist!" Ein Mann, der sich angesprochen fühlt, fragt die schreiende Frau, die offensichtlich betrunken ist: „Was ist los?" — „Was los ist?" schreit die Betrunkene, „du verdammter Heuchler, du fragst noch, was los ist? Ich werde dir zeigen, was los ist, du verdammter Hund. Bei Gott, ich werde es dir zeigen, so wahr ich lebe! Fragt der Kerl noch, was los ist! Du weißt ganz genau, was los ist!" Die Betrunkene schreit weiter. Die Männer rauchen weiter ihre Pfeife und hören der kleinen Frau von der Heilsarmee zu. Die Betrunkene geht fluchend ins nächste Wirtshaus. Es ist, als hätten die ruhigen Worte der Evangelistin die Umstehen-

den unempfänglich gemacht für den bitteren Zynismus der abgebrühten Trinkerin. Die kleine Frau von der Heilsarmee erreicht bei dieser Gelegenheit keine Bekehrung, aber die nachdenklichen Gesichter einiger Männer und Frauen zeigen, daß sie zumindest angestoßen worden sind. Das ist schon viel.
Die Wirkung auf die Seelen der Slumbewohner läßt sich, wie das letzte Beispiel zeigt, nicht immer eindeutig messen, dennoch, so stellt William Booth in *The Darkest England* (S. 169) fest, zeige die Arbeit der Slum-Schwestern Wirkung. Es zeige sich ein größerer Respekt gegenüber der Religion; die Slumbewohner entwickelten mehr Initiative, und die Behörden, die durch die Heilsarmee auf das Elend in den Slums aufmerksam gemacht worden seien, täten jetzt einiges, um die Slums schrittweise zu sanieren. Vor allem aber hätten die Slum-Schwestern eine Reihe von Mädchen vor der Prostitution bewahren oder aus der Prostitution herausholen können.
Die Erfahrungen der Slum-Schwestern bringen William Booth auf die Idee, so etwas wie einen ambulanten Krankenversorgungsdienst zu organisieren. In einem kleinen Ponygefährt werden die notwendigsten Geräte für Desinfektion, kleine operative Eingriffe, Verbandstoff usw. mitgeführt. Extra ausgebildete Schwestern betreuen so die Kranken in ihren Wohnungen, die sie aus den schon genannten Gründen nicht verlassen wollen.
In unserem Jahrhundert sind andere religiöse Gemeinschaften, etwa die Kleinen Schwestern der Geistlichen Familie von Charles de Foucauld, dem Beispiel der Slum-Schwestern der Heilsarmee gefolgt.

### *Das Selbstmordverhütungs-Büro*

In den frühen Morgenstunden des Neujahrstags 1861 ruft Charlie Sudds, der kürzlich aus einem Ingenieurbüro entlassen worden ist: „Allen eine fröhliche Weihnacht und ein glückliches Neues Jahr!“ und schießt sich eine

Kugel durch den Kopf. 1911 hat der kaufmännische Lehrling Harry aus Walworth einen Streit mit seiner Mutter. Er vergiftet sich und hinterläßt eine Nachricht für die „kleine Freundin", die ihm als einzige eine Geburtstagskarte geschickt hat.

Fälle wie diese zeigen William Booth, daß Selbstmord nicht einfach eine Folge der Industrialisierung und der Verstädterung ist und daß bloße gesetzliche Maßnahmen hier wenig bewirken. Selbstmord, so berichten ihm seine Offiziere, wird auf dem Land genauso begangen wie in der Stadt, und nicht nur solche, die arm und einsam sind, töten sich selber.

Wie komplex Selbstmord und Selbstmordversuch sind, erfährt Booth, als er einen Mann nur mit Mühe davor abhalten kann, sich ins Wasser zu stürzen. Er erkennt, daß man selbstmordgefährdeten Menschen nicht mit materiellen und rein sozialen „Rettungsseilen" kommen kann. Die Rettung muß tiefer ansetzen, und die Perspektiven müssen größer und weiter sein als etwa die Aussicht auf eine bessere soziale Betreuung. Die Frohbotschaft Christi allein, so sagt William Booth, kann die totale Rückkehr eines verzweifelten Menschen in das Leben bewirken.

Indem William Booth und seine Mitarbeiter sich vor Ort um Menschen kümmern, die kurz vor dem Selbstmord stehen, und so ein genaueres Bild vom „Vorfeld" einer solchen Verzweiflungstat bekommen, weisen sie den staatlichen Behörden den Weg: 1907 kommt es zur Eröffnung eines Selbstmordverhütungs-Büros.

### *In die Gefängnisse hinein*

Die zunehmende Bevölkerungszahl und das Anwachsen der Städte hat auch zur Zentralisierung des Strafvollzugs geführt. Früher war, wie William Booth in seinem Report *In Darkest England* (S. 173) feststellt, der Gefangene in kleineren Orten nicht weit von seiner Familie und seinen

Freunden entfernt. Er hatte einen Halt. In den riesigen städtischen Strafanstalten ist der Strafgefangene dagegen ein Fremder unter Fremden, und wenn er entlassen wird, stößt er auf allgemeine Ablehnung. Meistens wird er bald wieder straffällig und landet ein weiteres Mal im Gefängnis.

William Booth hält die Soldaten der Heilsarmee für besonders geeignet, sich um Strafgefangene zu kümmern, denn, so stellt er mit trockenem Humor fest, ständig sitzen Heilssoldaten ein, weil sie durch Predigen oder Musik „die Ruhe" der Wohlstandsbürger „gestört" oder Kneipenwirten ins Gewissen geredet haben. Weil die Heilssoldaten also die Gefängnisse und die Gefangenen gründlich kennen, sind sie auch am ehesten in der Lage, entlassenen Strafgefangenen bei der Rückkehr in ein geordnetes Leben Hilfestellung zu leisten. Wie sieht diese Hilfe aus?

1887 besuchen in Australien, dann auch in England, die ersten Offiziere der Heilsarmee Gefängnisse und nehmen mit Strafgefangenen und Bewachern Kontakte auf. Kurz danach wird am King's Cross (London) ein Heim für entlassene Strafgefangene eröffnet. Daran sind Werkstätten angegliedert, in denen die Männer und Frauen arbeiten können, bis die Heilssoldaten eine andere Arbeitsstelle für sie gefunden haben. Die Heilsarmee möchte ferner Strafgefangenen, die auf Bewährung freigelassen werden, die wöchentliche Meldung bei der Polizei ersparen; die Heilssoldaten sorgen dafür, daß sich diese Menschen ohne Zwang wieder zurechtfinden.

Die Heilsarmee ist bis heute in der Gefangenenfürsorge ebenso eifrig wie erfinderisch geblieben. Seit 1971 arbeiten Untersuchungshäftlinge, statt in Untersuchungshaft zu sitzen, mit Nicht-Häftlingen im Booth-House (Whitechapel, Ost-London) zusammen und behalten so den Kontakt mit anderen Menschen in einer positiven Umgebung.

Das meiste von dem, was William Booth in den 80er Jahren des vorigen Jahrhunderts zum Strafvollzug gesagt und was er davon bereits realisiert hat, wird in unseren Tagen wiederentdeckt und nicht selten als „Fortschritt unserer Zeit“ ausgegeben.

## *Spurlos verschwunden*

Am 4. November 1888 verläßt eine Frau in London heimlich ihr Haus, ihren Mann und ihre drei Kinder. Man hört nichts mehr von ihr.
Im Juli 1885 schreibt E. W., ein siebzehnjähriges Mädchen, aus Montreal (Kanada), wohin sie heimlich ausgewandert ist, ihren dritten und letzten Brief an ihre Eltern. Seitdem kommt keine Nachricht mehr.
Wie diese Frauen verschwinden in den 80er Jahren des vorigen Jahrhunderts allein in London jährlich 18000 Menschen. Von 9000 hört man nie mehr etwas. Was können die Angehörigen da tun? Wer Geld und Einfluß hat, kann die Behörden oder einen Privatdetektiv einschalten. Aber was machen die vielen, die kein Geld und keinen Einfluß haben? Für diese vielen hat die Heilsarmee noch vor 1890 eine Vermißtensuchzentrale in London eingerichtet. Die Angehörigen der Verschwundenen geben dem örtlichen Offizier der Heilsarmee eine Beschreibung, wenn möglich ein Foto, eine Handschriftenprobe, Orte, Häuser, wo sich die Verschwundenen vielleicht aufhalten könnten usw., der Offizier schickt diese Unterlagen dann an die Zentrale, die sofort tätig wird.
In den anfangs genannten beiden Fällen wandten sich die Angehörigen sofort an die Heilsarmee. Diese war erfolgreich. Zwei Adressen, die der Mann angegeben hatte, brachten die Ermittlungen nicht weiter, doch eine genaue, systematische Beobachtung der Umgebung führte schließlich zum Aufenthaltsort der Frau. Ein Offizier der Heilsarmee erreichte ein Gespräch mit ihr. Es gelang ihm, sie zur Rückkehr zu bewegen. Ihr Ehemann verzieh ihr, und die Familie war wieder vereint.
Die Suche nach dem Mädchen, das in Kanada ver-

schwunden ist, erweist sich als schwieriger. Die Londoner Zentrale schickt die Unterlagen an die Offiziere in Kanada. In Montreal ist sie nicht. Man forscht in anderen Orten nach. Nach Monaten wird sie in einem Heim der Heilsarmee gefunden, wohin sie sich völlig mittellos geflüchtet hat. Sie ist froh, daß sie in einem Mädchenheim der Heilsarmee einen neuen Anfang machen kann.
Eine andere Möglichkeit, Verschwundene wieder aufzufinden, ist, eine Suchanzeige im weltweit verbreiteten *Kriegsruf* (Auflage 1890: 300000 Exemplare!) aufzugeben. Auf diese Weise kann jeder Offizier und Heilssoldat die Augen aufhalten und so mithelfen, Menschen wiederzufinden. Für Arme und Mittellose ist die Nachforschungsarbeit kostenlos.
Auch hier hat die Heilsarmee Pionierarbeit geleistet. Der Suchdienst des Roten Kreuzes nutzte die Erfahrungen der Heilsarmee, um nur *ein* Beispiel zu nennen.

### *Die vielen Nöte der kleinen Leute*

Auf dem Dorf, sagt William Booth, war es so: Wenn ein anständiger junger Mann dringend etwas Geld brauchte, um weiterzukommen, dann liehen ihm Verwandte, Freunde oder Nachbarn die Summe, und er zahlte sie in kleinen Raten zurück. Sie alle kannten den jungen Mann und vertrauten seiner Ehrlichkeit. Anders in der Großstadt. Kommt hier jemand in Not und braucht etwas Geld, kann er nicht erwarten, daß Leute aus den Nachbarwohnungen, die er nicht kennt und die ihn nicht kennen, ihm Geld leihen. Also fällt er gewissenlosen Geldleihern in die Hände oder muß auf Raten kaufen, und das ist dann meistens der Ruin.
William Booth hat gehört, daß es in einigen europäischen Ländern bereits Banken für kleine Leute gibt (Genossenschaftsbanken, Mont de Piété), die kleinere Summen ausleihen und annehmbare Rückzahlungsmöglichkeiten anbieten. Auf diese Weise kann manche Not gelindert und

mancher Zusammenbruch von Existenzen und Familien verhindert werden. Bald schon findet man solche Kleine-Leute-Banken der Heilsarmee bis in das indische Hinterland hinein.
Für kleine Leute, die sich keinen Rechtsberater oder Rechtsanwalt leisten können, richtet Booth Beratungsstellen ein, die auch mithelfen, weiteren Rechtsbrüchen vorzubeugen.
1876 kommt die Tochter eines Lotsen in eine Rechtsberatungsstelle der Heilsarmee. Ihr ist es ergangen wie vielen anderen Mädchen auch. Ein feiner Herr aus dem Londoner West-End hat mit ihr seinen Spaß gehabt. Als sie ein Kind von ihm erwartet, bringt er sie zu seinem Rechtsanwalt und läßt sie unterschreiben, daß er nicht der Vater des Kindes sei, das sie erwartet. Für diese Unterschrift bekommt sie ein paar Pfund, die sie dringend braucht. Die Rechtsanwälte der Heilsarmee verhandeln mit dem Mann. Sie drohen ihm ein Verfahren für den Fall an, daß er nicht angemessen für den Unterhalt des Kindes sorgt. Der Mann lenkt ein. Dem Mädchen ist geholfen.
Noch eine andere wegweisende Einrichtung schlägt William Booth vor: eine Art Wissensbörse. Hier soll das Wissen, das zur optimalen Lösung der sozialen Probleme nötig ist, gesammelt, geordnet, ausgewertet und kleinen Leuten, die sich informieren wollen, zugänglich gemacht werden. Hier sind Ansätze der modernen Volksbildungswerke und Volkshochschulen zu erkennen.
Jede Weiterbildung ist jedoch unmöglich, wenn man als Kind nicht Lesen, Schreiben und Rechnen gelernt hat. Für die Kinder der Minderbemittelten bleibt damals nur die Sonntagsschule. Auch die Heilsarmee unterhält Sonntagsschulen, wo den Kindern die elementaren Kenntnisse beigebracht und an denen sie gleichzeitig in die Grundsätze des christlichen Glaubens eingeführt werden. Die ersten Erfahrungen sind nicht gerade ermutigend. Etliche Kinder kommen nur des Frühstücks und der Ausflüge wegen. Andere halten (wie übrigens viele Kinder der Reichen auch) nicht viel vom Lernen, und sie bleiben weg.

Deshalb entscheidet William Booth im Juni 1877, neue Sonntagsschulen dürften nur noch mit seiner besonderen Erlaubnis eingerichtet werden, man solle alle Kräfte auf die Erweckungsarbeit konzentrieren. Doch als dann im Juni 1880 in Blyth (Northumberland) die kleine Minnie Browell wegen Platzmangels von einer Heilsarmeeversammlung ausgeschlossen werden muß und Captain John Roberts daraufhin eine Versammlung speziell für Kinder ankündigt, ändert William Booth seine Meinung. Seitdem beschäftigt sich die Heilsarmee wieder intensiv mit Kindern und Jugendlichen.
Bei all diesen und vielen weiteren Aktivitäten der Heilsarmee geht es nicht darum, in Notfällen erste Hilfe zu leisten und die Menschen, denen geholfen wurde, dann sich selber zu überlassen, und es geht schon gar nicht um die ausschließliche Behebung äußerer Schwierigkeiten. Denn, so sagt William Booth im Zusammenhang mit Rechtsberatungsstellen für kleine Leute (*In Darkest England*, S. 218), viele Schwierigkeiten der Menschen sind nicht materieller, sondern seelischer Natur: Es ist ein Irrtum zu glauben, man brauche einen Menschen nur satt zu machen und zu kleiden, um ihn glücklich zu machen. Der Mensch hat nicht nur einen Magen, sondern auch ein Herz. Er braucht häufig jemanden, der ihn versteht, einen Freund, einen Menschen, der ihm das Gefühl gibt, daß er mit ihm fühlt und ihm helfen will. Früher, als die Familien auf dem Dorf noch zusammenhielten, war jeder in eine Solidargemeinschaft eingebunden. Heute, so stellt Booth fest, driftet der einzelne im Labyrinth der Großstadt durch eine unfreundliche, ja feindliche, verständnislose Umgebung. „Niemand liebt mich, und wenn ich sterbe, denkt keiner mehr an mich" — dies ist der bitterste Schrei, der aus einem wunden Menschenherzen kommen kann. Hier ist die Heilsarmee zur Stelle: „Eines der Geheimnisse des Erfolgs der Heilsarmee ist, daß diejenigen, die keine Freunde haben, in ihr Freunde finden." Sie faßt alle die unter dem Arm, die „am Ende sind". Die Heilsarmee will der Welt das Beispiel einer Familie ge-

ben, die ein Abbild des Verhältnisses Gottes zu den Menschen ist: Gott ist der Vater, wir sind seine Kinder. Auch hier vergißt Booth die Frauen nicht: „Nur Gott kann eine Mutter schaffen, aber die Gesellschaft braucht sehr viel Mutterliebe, viel mehr, als sie erhält." (*In Darkest England*, S. 219) Diese Vater- und Mutterliebe ist auch dann noch dringend nötig, wenn die materiellen Bedürfnisse erfüllt sind. Es spricht für den Realitätssinn von Catherine und William Booth, daß sie über ihrem Sozialwerk nie die Seelenarbeit vernachlässigt haben, denn diese ist auch (oder gerade) in einer Wohlstandsgesellschaft dringend nötig.

## Anerkennung

Die stürmische Entwicklung der Heilsarmee in den 80er Jahren und die Verfolgung, der sie sich ausgesetzt sehen, fordern von Catherine und William Booth das Letzte an Einsatz und Durchstehvermögen. Nach dem glücklichen Ende des Annie Swan-Falls im Sommer 1885 hat Catherine wieder eine längere Schwächeperiode, doch sie rafft sich immer wieder auf. Das Wachsen der Heilsarmee, auch im Ausland, soll nicht zum Wildwuchs werden, deshalb überlegt sie mit ihrem Mann, wie man das Erreichte am besten sichern und ausbauen kann. Sie beraten gemeinsam Fragen der optimalen Organisation. Bekehrte, die (hauptamtliche) Offiziere werden wollen, werden zwei Jahre lang in einer Kadettenschule ausgebildet. Dort müssen sie unter anderem auch Fußböden scheuern, Fenster putzen und Kartoffeln schälen. Sie sollen so mit der Lebenswirklichkeit der meisten Menschen bekannt werden und sich selber disziplinieren. Es wird von ihnen erwartet, daß sie ihre persönliche Heilserfahrung bekennen, an die Möglichkeit eines geheiligten Lebens glauben, keinen Alkohol trinken und nicht rauchen und ihre ganze Kraft der Rettung, Heilung und Heiligung von Seelen und der Verbesserung der sozialen Lage Benachteiligter widmen.

Catherine Booth ist auch wesentlich an der Abfassung der Richtlinien für Offiziere und Soldaten der Heilsarmee beteiligt. Sie nimmt gern Anregungen von Mitarbeitern auf. Als ein Offizier berichtet, er verzichte ein Jahr lang auf seinen Nachtisch-Pudding und gebe das so ersparte Geld in die Kasse der Heilsarmee, regt Catherine Booth eine „Selbstverleugnungswoche“ an: Man versagt sich eine Woche lang beim Einkaufen oder Essen eine Kleinigkeit und spendet das dadurch gesparte Geld für Bedürftige. Sie ist unermüdlich unterwegs, predigt vor Armen und Reichen, und auch wenn sie nicht spricht, ist

ihre ganze Existenz ein sprechender Beweis dafür, daß eine Frau Hausarbeit und Mutterpflichten sehr wohl mit öffentlicher Tätigkeit verbinden kann. Sie ermutigt auf diese Weise Frauen, über den Tellerrand von Küche und Kinderstube hinauszublicken und sich für notwendige Veränderungen aktiv einzusetzen. Sie *ist* die *New Woman*, d.i. die Neue Frau, von der andere Frauen nur reden. Auf ihren Reisen setzt sie sich nach wie vor für notleidende und mißhandelte Tiere ein und unterstützt dadurch vor allem ihre Tochter Emma in ihrer aktiven Tierliebe. Sie schreibt Artikel für den *Kriegsruf*, korrigiert Druckfahnen, bereitet sich sorgfältig auf ihre Predigten vor. Dabei vernachlässigt sie ihre Kinder nicht. Als sie aus dem Haus sind, schreibt sie ihnen lange Briefe und geht dabei auf ihre kleinen und großen Nöte ein. Sie hat die Genugtuung, daß keines ihrer acht Kinder gestorben ist — was damals an ein Wunder grenzte —, und sie sieht, wie sie alle ihre Kraft für die Heilsarmee einsetzen, vor allem Bramwell, Catherine und Evangeline; Catherine vor allem in der Schweiz, wo sie zwölf Tage im Gefängnis sitzt; Evangeline in den USA, wo sie die Arbeit der Heilsarmee mächtig vorantreibt. Was William anbetrifft, so findet sie immer mehr bestätigt, was sie empfand, als sie ihn zum erstenmal traf: „Mir schien, als hätten wir uns schon unendlich lange gekannt und uns schon jahrelang geliebt und als hätten wir uns plötzlich, nach einer vorübergehenden Trennung, wiedergefunden."
Ihre Mutter ist an Krebs gestorben. Als sie sich, vor allem nach 1880, immer häufiger sehr schwach fühlt, fragt sie sich: Ist das möglicherweise Krebs? 1888 setzen die Schmerzen ein, die auf Krebs hindeuten. Sie ist erst 59 Jahre alt. Sie konsultiert einen Facharzt. Dieser sagt ihr schonend, sie habe bestenfalls noch anderthalb Jahre zu leben. Sie berichtet über die Rückfahrt in der Kutsche, über allem habe ein Schleier gelegen, wie in einer Totenkammer. Sie betet auf der Fahrt. Wie soll sie es William sagen? Weinend sagt sie zu ihm: „Weißt du, was mein erster Gedanke war? Daß ich nun nicht mehr da sein kann,

um dich in deiner letzten Stunde zu pflegen." Er kniet sich hin, hält sich an ihr fest und betet.
Sie rafft sich noch einmal auf. Am 21. Juni 1888 hält sie im Londoner City-Temple ihre letzte Ansprache. Danach ist sie so erschöpft, daß sie sich erst nach einer halben Stunde wieder rühren kann. Sie ermuntert alle weiterzumachen, und sie drängt William, seinen zahlreichen Verpflichtungen nachzugehen. Sie nimmt lebhaften Anteil an der Fertigstellung von *In Darkest England*, und sie erträgt es, daß ihr Haus der reinste Taubenschlag ist, während sie schwerkrank im Bett liegt.
Eine Operation erweist sich als erfolglos. Aus aller Welt schickt man ihr Mittel, die ihr helfen sollen. Doch keins schlägt an. Im Seebad Clacton on Sea erholt sie sich ein wenig. Doch sie wird immer schwächer. Am 4. Oktober 1890 stirbt sie in Anwesenheit ihrer Familie. Eines ihrer letzten Worte ist, Gott möge sie leicht sterben lassen — um ihrer Tochter Emma willen, die völlig fassungslos ist. Zu der Totenfeier in der Olympiahalle in London kommen 30000 Menschen. Auf ihrem Sarg liegen ihre zerlesene Bibel, ihr Hut, ihre Uniform und die Fahne. In eine Messingplatte ist ein Wort aus dem Römerbrief (8,37) eingraviert: *More than conquerors*, d.i. Mehr als Sieger (durch den, der uns geliebt hat.)
Es ist William Booth, als habe man ihm die Hälfte seines Wesens weggerissen. Aber er fängt sich. In der Ausgabe des *Kriegsrufs*, die dem Tod von Catherine Booth folgt, schreibt er: „Was sollen wir tun? Ich kann für mich nur sagen, daß ich weitermachen werde." Und er macht weiter, noch 22 Jahre lang.
Ab 1886 reist er unter anderem nach Norwegen, Rußland, Finnland, Palästina, Australien, Neuseeland, Japan, USA, Kanada, Deutschland. Zu seinem Leidwesen kann er Island, Uruguay, Indonesien und Britisch-Guayana nicht besuchen. Auf den anstrengenden Reisen ist er stets beschäftigt. Er spricht mit Seeleuten, Köchen und Zimmermädchen und lädt sie ein, mit ihm zu beten. Einmal betet er mit einer Frau fünf Minuten vor der Einfahrt

in den Zielbahnhof um ihre Erweckung. Er ist ein anspruchsloser Reisender und Gast. Er hat immer etwas Brot, Zwieback, Butter und Obst, ferner einen Spirituskocher, Messer, Gabel und Salz in seinem bescheidenen Reisegepäck. Internationale Kongresse aller Art bitten ihn, mit seinem Gebet zum Gelingen der Verhandlungen beizutragen. Er wird von Königen und Präsidenten empfangen, er spricht vor Parlamenten, er wird mit Ehrungen bedacht. Nicht ohne Stolz sieht er, daß sich das Durchhalten gelohnt hat. Ein französischer Heerführer sagt zu ihm: „Mein General, Ihr seid ein Weltbürger." Mit Hinweis auf Booths Buch *In Darkest England* äußert der Vorsitzende des Beveridge-Reports: „Dies ist ein Muster sozialer Wiedergeburt, einleuchtend und richtig in den Grundzügen." Früher einmal haben die Bischöfe von Oxford und Hereford ihm vorgeworfen, er erzeuge auf seinen Versammlungen nichts als „Hysterie" und begünstige „geschlechtliche Verirrungen". Jetzt erkennen die Erzbischöfe von Canterbury und der Bischof von Durham an, daß die Heilsarmee viele Menschen zu dem christlichen Ideal zurückgeführt habe, das „in den Kirchen verlorengegangen ist". Nicht ohne eine Spur von Genugtuung stellt William Booth fest, daß die offiziellen Kirchen ihn jetzt „imitieren". Aber auch nicht-kirchliche Persönlichkeiten äußern sich anerkennend. Die Sozialreformer John Ruskin und Josephine Butler, um nur zwei zu nennen, bekennen, daß ihnen und anderen Einzelkämpfern und Organisationen nicht annähernd Vergleichbares gelungen ist.
Aber seine Freude über das Erreichte ist nicht ungetrübt. Da ist immer noch die Trauer um seine geliebte Catherine. Dann muß er erleben, wie drei seiner Kinder eigene Wege gehen. Zwischen 1896 und 1901 kehren Catherine, Ballington und Herbert der Heilsarmee, wie William Booth sie versteht und zu halten versucht, den Rücken. Catherine und ihr Mann Arthur Clibbon sehen in der Heilsarmee, so wie sie sich um die Jahrhundertwende darstellt, das gefühlsmäßige Element vernachlässigt. Sie

schwören auf Gebetsheilungen. Für William Booth ist das einseitige Schwärmerei, die keine Zukunft hat. Damit behält er recht. Ballington möchte die Heilsarmee in den USA zu einer eigenen Organisation unter seiner Führung umgestalten. Seine Schwester Evangeline versucht dies zu verhindern, indem sie sich auf abenteuerliche Weise Zugang zu dem Saal verschafft, in dem Ballington die amerikanischen Heilssoldaten zur Abspaltung von der Heilsarmee bewegen will. Er ist nicht sehr erfolgreich. Schließlich ist auch Sohn Herbert mit dem System der Heilsarmee nicht einverstanden.
In allen drei Fällen bleibt William Booth unnachgiebig. Es wird sich nicht eindeutig klären lassen, wieweit die drei Kinder mit ihrem Schritt gegen ein ihrer Meinung nach zu patriarchalisches Prinzip in der Familie Booth und in der Heilsarmee protestieren wollten und ob und wieweit sich bei William Booth das Bestreben des typischen victorianischen Vaters zeigt, „die Dinge im Griff zu behalten". Sicher ist, daß sich die Alternativen der drei Kinder nicht als lebensfähig erwiesen haben. 1903 trifft ihn ein weiterer schwerer Schlag: Tochter Emma stirbt an den Folgen eines Zugunglücks in den USA.
Nicht alle Reisen, die er unternimmt, sind ein einziger Triumphzug. Als er im Februar 1888 zum erstenmal in Berlin ist und im Zirkus Busch sprechen will, zählt er 27 Zuhörer. Zwölf davon sind Polizisten. Eintrittskarten mußte man sich bis 17 Uhr bei der Polizei holen, und bis Mai 1905 kontrollierten Polizisten im Saal jeden einzelnen Zuhörer. Ein schläfriges, steifes, obrigkeitsergebenes deutsches Bürgertum will sich nicht erwecken lassen. Der Empfang in Rußland ist frostig.
Doch davon läßt sich William Booth nicht entmutigen. Er ist Widerstand gewohnt. Aufmerksam beobachtet er die technologische Entwicklung und überlegt, wie er sie in den Dienst seiner Sache stellen kann. Heilssoldaten zeigen keine Scheu vor Fahrrädern, und William Booth nutzt auch die faszinierende Wirkung, die das Auto auf die Massen ausübt. 1904 startet er zu seinem ersten

„Autofeldzug“ durch England. Auf diese Weise erreicht er auch die Menschen, die weit von den Zentren verstreut auf dem Land leben und deshalb nicht zu den großen Versammlungen in den Städten kommen können. Eine weitere Möglichkeit, Menschen zu erreichen, sieht er in der Schallplatte. Einige seiner Ansprachen werden auf Schallplatte aufgenommen und so vielen zugänglich gemacht. Er ist weiter an allem interessiert, was ihm wirklichen Fortschritt zu bringen scheint, und er — stets ein Lernender — versucht sich, soweit ihm das möglich ist, in möglichst vielen Bereichen sachkundig zu machen, weil er aus Erfahrung weiß, daß in einer immer komplizierter werdenden Welt guter Wille und Begeisterung für den Menschen allein nicht mehr genügen. Dies hielt Thomas Henry Huxley, der die Naturwissenschaften als „Mittel zur Lösung der höchsten Fragen des Lebens“ betrachtete, nicht davon ab, William Booth als „Obskuranten“ und „Dilettanten“ zu bezeichnen. Der Vorwurf ließ Booth kalt, und dies zu Recht. Allein die Lektüre von *In Darkest England* hätte Huxley eines Besseren belehren müssen. Die Gedanken sind klar ausgedrückt und logisch miteinander verknüpft. Booth nimmt mögliche Einwände vorweg, er schreibt also nicht „einsträngig“, sondern „dialogisch“ und zeigt bei allem, was er kritisiert oder vorschlägt, einen ausgeprägten Realitätssinn, ohne die visionäre Schubkraft seiner christlichen Menschen- und Gottesliebe zu verleugnen. Im Fall der Annie Swan hat er Augenmaß und zugleich Entschlußkraft bewiesen, und dies auf einem Feld, in dem nichts kalkulierbar war. Die Regeln und Verordnungen für Offiziere und Soldaten sind durchdacht und weitsichtig. Mit ihnen wollte er die Heilssoldaten vor den Fehlern und Irrtümern anderer Religionsgemeinschaften bewahren.

Ähnlich wie Catherine Booth, die, verstärkt durch ihre labile Gesundheit, depressive Phasen hatte, was bei sehr aktiven Menschen oft der Fall ist, wirkt William Booth mit wachsendem Alter gelegentlich grantig oder gereizt, zumal seine Sehkraft abnimmt. 1908 stellen Fachärzte

fest, daß beide Augen vom sogenannten Star befallen sind. Im Dezember desselben Jahres wird er am rechten Auge operiert. Dieses Auge muß 1909 entfernt werden. Auf dem linken Auge kann er immer weniger sehen. Dennoch unternimmt er weiter Reisen, um sich über die Arbeit der Heilsarmee in Großbritannien und im Ausland zu informieren. 1912 ist er so gut wie blind. Am 23. Mai 1912 wird ein letzter operativer Eingriff vorgenommen, der jedoch erfolglos ist. In letzten Gesprächen mit seinem Sohn Bramwell bittet er, weiter intensiv für Obdachlose zu sorgen und die Evangelisierung Chinas anzupacken. Er stirbt am 20. August 1912 im Alter von 83 Jahren. Seine letzten zusammenhängenden Worte sind: „Die Verheißungen Gottes sind gewiß... sind gewiß... wenn man nur glauben will."
Drei Tage lang ziehen mehr als 150000 Menschen an seinem Sarg vorüber. Bei dem Trauergottesdienst sind 40000 Menschen dabei, darunter viele kleine Leute, die er aus dem Elend gerettet hat. Eine Ruhestätte in der Londoner Westminster Abbey, wo viele berühmte Engländer begraben sind, wird ihm verweigert.
Im Jahr 1909 hat William Booth seine letzte öffentliche Rede vor 7000 Menschen in der Royal Albert Hall in London gehalten. Hier ein programmatischer Ausschnitt:

> Solange Frauen weinen, wie sie es jetzt tun —
> will ich kämpfen;
> solange Kinder Hunger leiden müssen,
> wie sie es jetzt tun — will ich kämpfen;
> solange Menschen in Gefängnisse müssen,
> rein und raus, rein und raus,
> wie es jetzt der Fall ist — will ich kämpfen;
> solange es Mädchen gibt, die auf die schiefe Bahn geraten;
> solange es eine Seele gibt, in der das
> Licht Gottes noch nicht scheint —
> will ich kämpfen —
> Ich kämpfe bis zum letzten Atemzug.

## Die Heilsarmee heute
(Antwort an einige Kritiker)

Die Heilsarmee setzt diesen Kampf fort. Sie arbeitet inzwischen in 86 Ländern und benutzt 114 Sprachen. Sie zählt zur Zeit rund 3 Millionen Mitglieder in 14500 Korps und unterhält mehr als 3000 Sozialeinrichtungen und Schulen. Sie leistet dies alles mit verhältnismäßig wenig Geld, das aus Beiträgen der Heilssoldaten und von Spendern kommt. So unterhält die Heilsarmee beispielsweise in der Bundesrepublik Deutschland zur Zeit 33 Sozialeinrichtungen: Alten- und Kinderheime, Obdachlosenasyle, ein Krankenhaus und acht sozialtherapeutische Einrichtungen und tut vieles andere mehr. Sie arbeitet, wo ihr dies sinnvoll und notwendig erscheint, mit anderen Wohlfahrtseinrichtungen zusammen. Sie bewahrt dabei jedoch in jedem Fall ihr eigenes Profil. Hierfür ein Beispiel.

Mit dem sogenannten Manhattan-Projekt in New York will die Heilsarmee die normalerweise „Unerreichbaren" erreichen: Aussteiger, Drogenabhängige, Ausreißer und auf Bewährung freigelassene Strafgefangene im Alter zwischen 16 und 25 Jahren. Die Regeln in den vier Häusern der Heilsarmee in Manhattan sind einsehbar, einfach und fest: Während der ersten 30 Tage gibt es keine Kontakte mit Angehörigen und Freunden und keine Kontakte mit dem jeweils anderen Geschlecht. Drogen, Alkohol und physische Gewalt sind grundsätzlich verboten. Die im Heim anfallenden Arbeiten werden aufgeteilt. Jeder Jugendliche hat die Pflicht, an den angesetzten Seminaren und Gruppendiskussionen teilzunehmen. Wer das Heim verlassen will, kann dies jederzeit tun.

Hier wie bei allen ihren Aktivitäten beschränkt sich die Heilsarmee nicht auf soziale Hilfe, sondern sie bemüht sich, *den ganzen Menschen* zu heilen und zu stärken. Sie appelliert dabei an seine Bereitschaft, von sich aus aktiv

mitzumachen. Sie kümmert sich um jeden einzelnen und versucht, sein Inneres zu aktivieren und wenn möglich zu heilen. Dabei spielen die Beschäftigung mit der Bibel und das Gebet eine entscheidende Rolle.
Genau das, so sagen einzelne Kritiker unserer Tage, sei nicht genug und zudem nicht der richtige Weg. Es komme nicht darauf an, den einzelnen Menschen zu ändern, vielmehr müsse man die allgemeinen Verhältnisse und Strukturen ändern, um dem einzelnen wirksam helfen zu können. Schließlich habe die Heilsarmee mit ihrer Methode das soziale Elend in der Welt nicht beseitigen können.
Diese Kritik ist nicht neu, und sie ist nicht zutreffend. William Booths *In Darkest England and the Way Out* war der zur seiner Zeit umfassendste und durchdachteste Versuch, die gesellschaftlichen Verhältnisse und damit die Lage des einzelnen zu verbessern; etliches davon wurde in die Tat umgesetzt. Aber Booth sah genau, und wir sehen es immer wieder und auch heute: Jede Veränderung der politischen, wirtschaftlichen und sozialen Verhältnisse wirft neue Probleme auf und setzt den einzelnen Menschen neuem Druck und neuen Gefährdungen aus. Auch, ja gerade der sozial abgesicherte Wohlstandsbürger hat seine Probleme, seine Neurosen, seine Ängste. Auch in der bestmöglichen sozialen Umgebung ist der einzelne Mensch, zumindest in stillen Stunden, mit sich allein. Genau an diesem Punkt setzt die Heilsarmee ein. Sie kümmert sich um die seelischen Probleme des einzelnen, nachdem sie — dem Beispiel Jesu folgend — zuerst seine äußere Not gelindert hat. Und genau das ist es, was heute viele fordern und wünschen: Beruhigung bei stiller Betrachtung und im Gebet. Die Heilsarmee brauchte dies nicht erst in unserer Zeit zu entdecken, sie hat immer gewußt, daß die Seele des einzelnen — gleich, unter welchen Verhältnissen — höchst verwundbar ist und der Pflege bedarf.
Andere kritisieren, die Heilsarmee halte zu starr an ihrer hierarchischen Gliederung fest. Diese Kritiker soll-

ten sich mit der Entstehung der Heilsarmee beschäftigen. Dann würden sie sehen, daß William Booth diese Gliederung einfach für höchst praktisch hielt, um Gutes möglichst rasch und wirksam zu tun. Es geht in der Heilsarmee nicht darum, von oben herab Befehle nach unten zu geben. Die höchst sensiblen sozialen Problemfelder, in denen die Heilssoldaten arbeiten, verlangen von jedem einzelnen Heilssoldaten vor Ort schnelle Entscheidungen und viel Spielraum, und der Familiengeist der Heilssoldaten verbietet jeden Ungeist von Befehlen und bedingungslosem Gehorchen. Man schaue sich in Hauptquartieren der Heilsarmee um und überzeuge sich an Ort und Stelle von dem freundlichen Miteinanderberaten und Miteinandertun.
Daß sich die Heilsarmee schließlich nicht vor jeden politischen Wagen spannen läßt, gibt ihr den Spielraum und die Überzeugungskraft, die notwendig sind, um in der vielerorts politisch, auch parteipolitisch aufgeheizten Atmosphäre etwas völlig unverdächtig bewirken zu können. Daß dies nicht politische Blindheit oder gar politische Scheuklappen bedeutet, hat die Heilsarmee etwa in der Mädchenhandelaffäre im vorigen Jahrhundert oder im Widerstand gegen das Naziregime bewiesen.
Wer, wie die Heilsarmee, in einer der fürchterlichsten Straßen der Welt, der Bowery in Manhattan / New York, schon lange anwesend ist und aushält, der weiß, was in der Welt geschieht, und der weiß auch, worauf es ankommt.

*Kontaktadressen:*

*Für Deutschland:*

Die Heilsarmee
Nationales Hauptquartier
Salierring 27
5000 Köln 1

*Für Österreich und die Schweiz:*

Die Heilsarmee
Nationales Hauptquartier
Laupenstr. 5
CH-3001 Bern (Schweiz)

# Woran die Booths nicht krankten

Was Catherine und William Booth auf die Beine gestellt haben, ist außerordentlich. Sie gewinnen noch mehr Statur, wenn man sich klarmacht, wie wenig sie an typischen Neurosen, Verdrängungen und Verhaltensmustern des Victorianischen Zeitalters (1837—1901) beteiligt sind.

1. Im Victorianischen England ist die Frau im wesentlichen auf den privaten Bereich des Haushalts und der Kinderstube beschränkt. Man erwartet, daß sie fügsam und ergeben ist. Um sie in diesem nicht-öffentlichen Bereich zu halten, entwirft man Bilder von Frauen, die schreckenerregend sind, wenn sie die ihnen zugewiesenen Bereiche verlassen: In Bram Stokers *Dracula* (1897) ist die kinderlose, vergnügungssüchtige Lucy ein Vampir, den man pfählen muß, damit er nicht weiteres Unheil anrichten kann. In Charlotte Brontës Roman *Jane Eyre* (1847) ist die angeblich wahnsinnige, vitale Bertha Mason wie ein Tier in einem Speicherraum eingesperrt, aus dem sie von Zeit zu Zeit ausbricht, um anderen Schaden zuzufügen.
So haben es die sogenannten „Neuen Frauen" schwer, in Büchern Frauenfragen zu erörtern oder neue Betätigungsfelder und das Wahlrecht für Frauen zu fordern.
Die Booths verteufeln Frauen nicht, und sie predigen keine Emanzipation. Sie praktizeren von Anfang an die Gleichheit von Mann und Frau, und so wirken auch in der Heilsarmee Frauen und Männer gleichberechtigt zusammen.

2. In Victorianischen Romanen, Briefen und Tagebüchern, vor allem, wenn sie von Frauen geschrieben sind, spielen Mütter, sofern sie überhaupt genannt sind, in der Regel keine sympathische Rolle. Sie werden als beschränkt, meist auch als gefühlskalt dargestellt. Dagegen

lieben die Mädchen ihren Vater. Das hat weniger mit dem Freudschen Ödipuskomplex als mit der Beschränkung der Frau auf den privaten, häuslichen Bereich zu tun. Sie nimmt nicht am öffentlichen Leben teil, kann den Töchtern keine geistigen Anregungen geben. Der Vater dagegen weiß, was draußen vorgeht, und spricht mit den Töchtern darüber. Auch bringt er häufiger interessante Freunde und Bekannte mit, mit denen die Töchter sich über Tagesfragen und Probleme der Zeit unterhalten können. Also mögen viele Töchter ihre Mütter nicht, weil sie sich von ihnen nicht gefördert, sondern nur behindert fühlen.

Anders bei den Booths. Dort ist es ständig wie in einem Taubenschlag. Leute gehen aus und ein, erzählen, diskutieren. Die Mädchen sind auf dem laufenden, diskutieren mit. So werden sie wie selbstverständlich aktiv, brauchen nicht um Anerkennung und Gleichberechtigung zu kämpfen. Auch als Catherine krank wird und liegen muß, geht das Kommen und Gehen weiter. Sie sagt, sie werde wohl oder übel in einem Haus sterben, das wie eine „Bahnhofshalle" sei. In ihrem Schlafzimmer wird ununterbrochen beraten und entschieden. Ständig geht die Türglocke. Nachrichten treffen ein, verlangen rasche Entscheidungen. Auf diese Weise wachsen die Kinder ganz natürlich in das öffentliche Leben hinein.

3. Viele Victorianer ziehen sich vor der unheimlichen Stadt in die eigenen vier Wände zurück wie in eine schützende Höhle. Was draußen liegt, ist feindlich. Nur am eigenen Herd kann man sich geborgen fühlen. Diese Angst vor dem Draußen hat mit zu dem geführt, was seit Charles Dickens „The Christmas Spirit" heißt und zu der Art und Weise geführt hat, wie man in Industrienationen Weihnachten feiert: im engsten Familienkreis, abgeschottet gegen das als feindlich empfundene Draußen der modernen Arbeitswelt.

Die Booths kennen diese Zweiteilung nicht. Sie fürchten das Draußen nicht, sondern gehen auf die Straße, um diesem Draußen etwas von seiner Bedrohlichkeit zu nehmen. Ihr Heim ist für alle offen, die von draußen kommen.

4. Im Victorianischen England gelten strenge Verhaltensregeln. Man duldet keine lockere Kleidung und keine lockeren Reden. Das führt dazu, daß unterdrückte Regungen gleichsam in einem zweiten Ich abgespalten werden. Das kann man in der Wirklichkeit und in Wunschvorstellungen tun. Jack the Ripper, der im Jahr 1888 im Londoner Bezirk Whitechapel mindestens fünf Frauen ermordete, war vermutlich ein Arzt oder Rechtsanwalt, der im Verbrechen suchte, was ihm der, wie er wohl meinte, strenge Lebensstil seiner Zeit vorenthielt. Berühmte Beispiele von literarischen Abspaltungen sind Robert Louis Stevensons *Dr. Jekyll and Mr. Hyde* (1886) und Mary Shelleys *Frankenstein* (1817). Mr. Hyde (hide = sich verstecken) ist der nach außen ehrbare Bürger, der als Dr. Jekyll (kill = töten) nachts sein unterdrücktes Triebpotential auslebt. Der Wissenschaftler Frankenstein projiziert seine verdrängten Triebe in ein von ihm geschaffenes Monster.
Die Booths kennen und brauchen diese Spaltung in eine öffentliche bürgerliche und eine heimliche innere Existenz nicht. Sie setzen alle Energien in produktive Arbeit um, entwickeln keine Psychosen und Neurosen. Sigmund Freud wäre an ihnen nicht interessiert gewesen. Sie sind kein „Fall".

5. Offiziell anerkannte und beliebte Gemälde der Victorianischen Zeit zeigen meist makellos schöne Frauen und Männer, die in ein scheinbar paradiesisches Mittelalter zurückzuschauen scheinen. Hier seien vor allem die Frauenbilder von D. G. Rossetti (1828—82) genannt. Das Häßliche, Quere, Unberechenbare wird gefürchtet und verdrängt. Was Frankenstein (und damit die Autorin Mary Shelley) an dem künstlich geschaffenen Wesen am meisten abstößt, ist seine Häßlichkeit.

Die Booths beurteilen die sie umgebende soziale Wirklichkeit nicht danach, ob sie schön ist. Sie sind nicht durch einen anerzogenen geschmäcklerischen Schönheitssinn behindert, sondern nehmen die Realität, wie sie ist. Sie beteiligen sich nicht an zeitgenössischen Überlegungen mit nostalgischem Unterton, daß beispielsweise die weichen Rundungen dörflicher Grabhügel den spitzigen Formen der Industriewelt vorzuziehen seien. Natürlich sind sie das, nur, so sagen die Booths, kann man nicht davon leben, daß man immer nur mit wehmütigem Blick in eine vermeintlich (!) bessere Vergangenheit zurückblickt. Für sie gibt es keine Rückkehr in das Mittelalter.

6. Die Booths zucken nicht, wie viele ihrer Zeitgenossen, die Achseln, und sie sagen nicht: Es gibt nichts mehr, wofür zu kämpfen sich lohnte. Jede Sache hat mindestens zwei Seiten, und die einzig mögliche Haltung gegenüber der Geschichte ist „Ironie“, sagen Satiriker und Spötter jener Tage und fügen noch hinzu: „Jedes moralische Urteil ist höchst verdächtig.“ Und an die Stelle des Idealismus haben sie die Sentimentalität gesetzt.
Anders die Booths. Für sie gibt es sehr wohl Belange und Ziele, für die zu kämpfen lohnt. Sie haben eine große Vision von Menschen und von der Gesellschaft, und sie reicht über die Menschenwelt hinaus. Wer überall zwei oder noch mehr Seiten sieht, so denken die Booths, wird nirgendwo anpacken, also muß man sich für eine Seite, konkret: die Seite des einzelnen, einmaligen, unwiederholbaren Menschen, entscheiden. Sentimentale Gefühlsduseligkeit ist wertlos, da man derartigen schwammigen Gefühlen keine Taten folgen läßt. Ebensowenig sind die Spötter produktiv. Die Booths haben die dringenden Fragen ihrer Zeit mit ungeteilter Energie und mit großem Ernst angepackt und ihnen eine größere Perspektive gegeben: zu Gott und einem anderen Leben hin.

Als im vorigen Jahrhundert in England die Begleiterscheinungen und Folgen der Industriellen Revolution und der Verstädterung die Zeitgenossen bestürzt und ratlos machten, behielten Catherine und William Booth einen klaren Kopf und suchten (und fanden) Mittel und Wege, um möglichst viele Menschen vor dem materiellen und seelischen Untergang zu bewahren. Sie leisteten Pionierarbeit: Die meisten ihrer Initiativen wurden später imitiert, die Gleichberechtigung von Mann und Frau war für sie selbstverständlich, die Bekämpfung von Arbeitslosigkeit und Trunksucht für sie eine Selbstverständlichkeit. Sie agierten quer durch die englische Klassengesellschaft und fanden zwischen Sozialismus und etabliertem Kirchenchristentum einen eigenen, unverwechselbaren Weg. Sie verzettelten sich dabei nie in Einzelaktionen, sondern hatten stets das Ganze des Menschen und der Gesellschaft im Blick. William Booths Buch *In Darkest England And The Way Out* (1890) ist der einzige zusammenhängende, umfassende Sozialplan des 19. Jahrhunderts, und die unermüdliche Erweckungs- und Missionsarbeit der Booths ergänzt die soziale, materielle Seite des Menschen um eine geistig-religiöse Perspektive. Ihre Arbeit ist der bislang erfolgreichste Versuch, die christliche Ethik in die moderne Industriewelt einzubringen. In der Heilsarmee haben sie eine Arbeits- und Lebensgemeinschaft geschaffen, in der soziales Engagement und Seelsorge eine natürliche Einheit bilden und die allen eine Heimat ist, die sich aus einem elementaren Verständnis der Frohbotschaft Christi heraus dem so oder so gefährdeten Menschen verpflichtet und verbunden fühlen. Die Heilsarmee ist eine der lebendigsten, frischesten christlichen Gemeinschaften unserer Zeit.

Um all das mußten Catherine und William Booth, ein ideales Paar, sehr schwer kämpfen. Eine schwache körperliche Konstitution, Krankheiten, chronischer Geldmangel, Widerstände von allen Seiten bis hin zu körperlicher Gewalt hielten sie nicht davon ab, eigenwillig, in mancher Hinsicht untypisch für ihre Zeit, furchtlos und konsequent ihren Weg zu gehen, der ein neuer Weg war. Voller Gottvertrauen waren sie, zusammen mit ihren acht Kindern und ihren Mitstreitern, jederzeit bereit, ihr Leben auf ein Nichts zu stellen. Dabei blieben sie stets freundlich und guten Mutes. Von diesen „Rebellen ohne Waffen“ geht ein eigenartiger Hauch von Sauberkeit und Charme aus, und der Mut und das Durchstehvermögen, daß sie beispielsweise im Annie Swan-Fall bewiesen, sind faszinierend.

# Wichtige Daten

| | |
|---|---|
| *17. Januar 1829* | Catherine Mumford wird in Ashbourne (Derbyshire) geboren. |
| *10. April 1829* | William Booth wird in Nottingham geboren. |
| *1844* | William Booth bekehrt sich. |
| *1846* | Catherine Mumford erfährt ihre Bekehrung. |
| *16. Juni 1855* | Sie heiraten. |
| *1858* | William Booth wird zum Methodistenprediger ordiniert. |
| *1861* | Er trennt sich von den Methodisten und betätigt sich als wandernder Evangelist. |
| *1865* | Er gründet in Ost-London die „Ost-Londoner Christliche Erweckungsgesellschaft", die 1870 in „Christliche Mission" und 1878 in „Heilsarmee" umbenannt wird. |
| *1879* | Die Uniform wird eingeführt, und man bildet die erste Korpsmusikkapelle. Die erste Nummer des *Kriegsrufs* erscheint. |
| *1881* | Die Heilsarmee dehnt ihre Arbeit auf andere Länder aus. |
| *1885* | Die Heilsarmee hat wesentlichen Anteil daran, daß im Parlament eine Gesetzesnovelle zum Schutz von Mädchen vor Prostitution durchgesetzt wird. |
| *1886* | Erstmalig gehen Slum-Schwestern der Heilsarmee in die Elendsviertel. |

| | |
|---|---|
| *4. Oktober 1890* | Catherine Booth stirbt an Krebs. |
| *November 1890* | William Booths Buch *In Darkest England And The Way Out* erscheint. |
| *Mai 1904* | William Booth unternimmt seinen ersten Autofeldzug durch England. |
| *Mai 1912* | Er wird am rechten Auge operiert, bald danach erblindet er ganz. |
| *20. August 1912* | William Booth stirbt. |
| *1856—1867* | Catherine Booth bringt acht Kinder zur Welt. |
| *1886—1912* | William Booth besucht zahlreiche Länder. |

# Literaturhinweise

*Harold Begbie, Life of William Booth, the Founder of the Salvation Army.* London 1920, (deutsch: Feldzug der Liebe, Zürich und Leipzig 1929).

*Max Gruner, William Booth: Leben und Wirken des Gründers und ersten Generals der Heilsarmee.* Bern 1960.

*Richard Collier, The General next to God.* London/ Glasgow 1965, (deutsch: Der General Gottes William Booth, Zürich 1965, $^{2}$1981).

*Cyril Barnes, God's Army.* Berkhamsted, Herts o. J.

*Joan Metcalf, God Used a Woman.* London 1976.

*Cyril Barnes (ed.), Words of Catherine Booth.* London 1981.

*Hugh McLeod, Religion and the Working Class in Nineteenth-Century Britain.* (Studies in Economic and Social History). London and Basingstoke 1984.

*Zeitschrift: Der Kriegsruf,* Wochenschrift der Heilsarmee in Deutschland, Köln.

## Lebensbilder ungewöhnlicher Frauen

**Johann Hoffmann-Herreros**
**Teresa von Avila**
Ihr Leben zwischen Mystik und Ordensreform
Topos Taschenbuch 162
112 Seiten. Kartoniert

Kaum sieben Jahre alt, reißt sie von zu Hause aus, liest leidenschaftlich gerne Abenteuerromane und möchte die Welt erobern; mit 68 Jahren ist sie eine von Schmerzen geplagte Nonne, Reformatorin und Klostergründerin: Teresa von Avila. Wie mutige Entscheidungen, Tage voller Freude, aber auch Enttäuschungen und Widerstand aus dem kleinen Mädchen die große Kirchenlehrerin und Patronin von Spanien machten, schildert der Autor spannend und einfühlsam. *Frau im Leben*

**Johann Hoffmann-Herreros**
**Ich lasse mich nicht einsperren**
Das ungewöhnliche Leben der Margery Kempe
Topos Taschenbuch 173
124 Seiten. Kartoniert

Diese erste Autobiographie in Europa schildert das abenteuerliche Leben einer Frau im ausgehenden Mittelalter. Margery Kempe war eine schillernde Persönlichkeit, die sich keineswegs in die zeitgemäße Rolle der Frau fügte. Sie war Unternehmerin und Mystikerin, Mutter von 14 Kindern und Weltreisende. Ihr Leben war von der Suche nach Wahrheit bestimmt; auf ihrem Weg entwickelte sie sich von der verwöhnten, eitlen Bürgermeisterstochter zu einer tiefgläubigen und couragierten Frau, die sogar Auseinandersetzungen mit den Mächtigen ihrer Zeit nicht scheute.

**Matthias-Grünewald-Verlag · Mainz**

## Topos Taschenbücher – eine Auswahl

152 Hoffmann-Herreros, Tröstliche Geschichten
154 Osterwalder, Kleine Gebetsschule
155 Otto, Vater unser
156 Rupp, Friedrich von Spee
157 Schaller, Wie finde ich meinen Weg
158 Drewermann / Helfer / Höver, Freispruch für Kain?
159 Heussen u. a., Wieviel Hoffnung braucht der Mensch?
160 Guardini, Die Lebensalter
161 Hinkel, Die Heiligen im Regionalkalender
162 Hoffmann-Herreros, Teresa von Avila
163 Hoffmann-Herreros, Humorvolle Geschichten
164 Jakobi / Rösch, Sport und Religion
165 Guardini, Die Mutter des Herrn
166 Hoffsümmer, Geschichten zum Sakrament der Ehe
167 Schulz, Was macht Gott den ganzen Tag?
168 Sudbrack, Neue Religiosität
169 Fernando, Zu den Quellen des Buddhismus
170 Greshake, Erlöst in einer unerlösten Welt?
171 Guardini, Die Annahme seiner selbst
172 Hinkel, Die Diözesanheiligen
173 Hoffmann-Herreros, Ich lasse mich nicht einsperren
174 Pesch, Leben mit dem Sterben
175 Bartholomäus, Kamillus von Lellis
176 Kehl, New Age oder Neuer Bund?
177 Müller, Homosexuelle Menschen
178 Osterwalder, Erzähl mir eine Geschichte von Gott
179 Pesch, Unsere Gebete
180 Eisenbach, All meine Wege sind dir vertraut
181 Guardini, Der Rosenkranz Unserer Lieben Frau
182 Hoffmann-Herreros, Charles de Foucauld
183 Hussar, Ein Weg der Versöhnung
184 Jakobi / Rösch, Frauen und Mädchen im Sport
185 Valentin / Schmitt, Lebendige Kirche
186 Wachinger, Gespräche über Schuld

**Matthias-Grünewald-Verlag · Mainz**